# 减轻中小学生过重课业负担的研究

王佐书◎著

功 = 时间 × 功率

开明出版社

# 前 言

学生学习，必须有负担。没有一定负担的学习是不可能获得预想的结果的。关键是学习负担要恰当。

欲减轻学生过重的课业负担，是一件很不容易的事。减轻学生过重的课业负担，学校要落实在教与学的过程之中。研究这个问题的关键是弄清楚“学生过重的课业负担”是什么。

过重，人们可以粗略地理解为超过某物能承载的最大负荷。只要物一定，最大荷载也一定。

今天研究的是“学生学习过重”。人是有生命的，可变化的，因此应当用动态的观点来研究“学生过重的课业负担”。

学生的个体差异很大，因此过量的学习荷载的差异也是很大的。它永远在一个变化的区间之内。

影响学生过重的课业负担是一个庞大的体系，因此要用体系的观点（系统的观点）来研究减轻学生过重课业负担。

增加学生过重的课业负担，负担来自何方？负担有一个数量和重量的问题，减少数量可减少重量，数量不变则减少某数量的数值，如一根稻草减去一半，数量还是一根稻草，而一根稻草的重量减轻了，这是减少数量和重量的一种方法。问题的关键是用什么剪刀来“剪”，“剪什么”，能减轻学生过重的课业负担。

研究减轻学生过重的课业负担，要用数量和重量的观点来研究。研究的关键即“剪”什么最恰当，“剪”去什么会提高学习效率并保证教育质量。

根据公式：功=时间×功率来研究减轻学生过重的课业负担是研究的一种方法。

功可以看成是教育质量（窄化可以看成是教学质量），减负不减教育质量，即功不变。

时间，从某种意义上对任何人来说，都是一个常数。

学习时间，对任何人来说，就不是一个常数，根据课业负担、学生学习能力、体力、耐力、兴趣等变化而变化。

减少学习的时间，一定会减轻学生过重的课业负担。但要确保教育质量不变，即在功（教育质量）不变的情况下，若时间相对减少则要提高功率，增加单位时间内的学习效率，是必然的要求。

人不是机械，脑子不是机械上的电动机，脑疲劳必然降低学习效果。不能用公式机械地计算人的学习效率，但是功=时间×功率确给人们提示了一个方向性分析问题、解决问题的方法。

通过公式：功=时间×功率，给人们的提示：减轻负担要尽量减少学习时间，提高学习效率，提示人们要用提高效率的观点解决问题。

一个减（时间）、一个增（学习效率），要通过教与学的过程来实现，这个减和增要有理论指导下的教学质量和教学艺术相配合。

一个完整的教学是由若干个不同教学环节组成的，向教与学要质量，向教与学要“功率”，就要向若干个教与学环节要效益，这种效益就是一分一秒地减少学习的时间，一点一滴地减少学习的分量，即减少学习的“数量和重量”。

教师是人，学生是人，提高教与学的“功率”，即提高教与学的效益，不能无限地增加教与学的强度。提高教与学的效率，这是一个方向性的要求或办法，需要教师和学生灵活机动地处理教与学的问题。这要求人们用减时间增效益的方法来研究减轻中小学生过重的课业问题。

在教与学的过程中，“教为主导，学为主体”，对教师的素质提出了若干要求，要求教师向减少一分一秒的学习要效益，向减少一点一滴的“知识”要效益，要求教师能在“巧”字上下功夫，这“巧”就是有效、高效的教学方法、学习方法。

有效的教学方法、学习方法，就是在当时的条件下，教师和学生使用的时间和精力最少，而获得的效果最好。

对任何学生而言，学习的负担过重与不过重都是相对的，即“吃不饱”和“吃不了”的问题，没有“一刀切”的标准，人们常常用中等学生的学习状况作为参考。

减轻中小学生过重课业负担的研究方向是：要减去长期的、大量的、超学生学习负荷的一些“磨盘式”的不加理解死记硬背的知识和学习效果极其有限的练习，学习效果差又增加学生学习时间和精力的学习，使学生失去了对学习的兴趣、对学习产生厌烦心理、几乎无效的作业以及占用学生学习时间低效或几乎无效的教学。

本书根据这样的看法，来研究减轻中小学生过重的课业负担。

# 目 录

# 第一章 思维

思维始于问题。

问题向拔火罐一样，对思维起到助燃的作用。

本书研究的中心问题只有一个，即减轻中小学生过重的课业负担。这一问题，推动人们思考怎么解决减轻中小学生过重的课业负担。

创新始于问题。

减轻中小学生过重的课业负担，要求人们要找到创新的方法，切实解决中小学生过重的课业负担。要求人们在理论与实践中找到创新的方法。

发展始于问题。

减轻中小学生过重的课业负担这个问题解决了，教育事业向前发展了。教师的教学水平提高了，培养人才的质量提高了，推动各项事业向前发展。

本章介绍了十种思考问题的方法，对减轻学生过重的课业负担从不同角度提出一些思考问题的方法，力图从更加广泛的范围来思考如何减轻中小学生过重的课业负担。

## 一、规律永远是无声的命令

规律永远是无声的命令。

规律指出了人们工作的路径和方法。

规律只能遵循，规律不能创生。

人们办事必须遵循规律，违背规律就要受到规律的惩罚。

规律是对人们工作的要求。

规律是对人们工作的警示。

规律是对人们工作的评价。

任何教师、任何学校在研究教育问题、解决教育问题的时候，都要按照教育规律办事。

解决中小学生过重课业负担的问题，也应研究形成过重课业负担的规律，如遵循学生学习的规律、认知规律、身心发展规律、教与学中的规律，等等，以及社会因素、家庭因素对学生的影响。

按规律办事，应当是工作的原则。

研究规律，掌握规律，按规律办事是做好工作的基本保证。

人们做事，是不是按规律办事，实践是检验的标准，它不依靠主观的夸张，而依靠客观的实践。客观实践是检验人们工作的标准。

规律解决事物发展的本质问题。规律永远是无声的命令，要求人们自觉地遵循规律。

教育方针体现着教育的规律，任何学校必须老老实实地贯彻教育方针。

学校贯彻教育方针，是减轻学生过重课业负担的有效方法之一。

教育的基本规律是，社会用才规律、学校育人规律、学生可持续发展规律。学生德智体美劳全面发展，是学生走向社会可持续发展的基础。

## 二、方向比努力重要

方向比努力重要，要求人们办任何事情，要看准方向、把握住方向，按正确方向指引的道路努力工作。

在工作大方向错误的情况下，细节再细也决定不了成败。

在工作中，只有清晰的方向才会有清晰的目标，有了清晰的目标才会有清晰的任务，有了清晰的任务才会有清晰的工作路径，有了清晰的路径才会有清晰的方法，有了正确有效的工作方法才容易取得事半功倍的效果。

方向比努力重要应当成为思考问题的一个原则，因为它揭示的是客观工作的规律。

在工作中，判定工作方向、调整工作方向、决定工作方向、把握工作方向，永远使工作在正确的轨道上前进与发展，这是强调方向比努力重要的实际意义。

在教育中，决定办学方向的主要有七项：

1. 教育的本质——福民强国。

2. 教育的规律——用才规律、育才规律、可持续发展的规律。

3. 有关教育的法律、法规、政策。

4. 教育方针——教育必须为社会主义现代化建设服务、为人民服务，必须与生产劳动和社会实践相结合，培养德智体美劳全面发展的社会主义建设者和接班人。

5. 学校的功能——传授知识，培养人才，服务社会。

6. 对教育的评价体系，其有四项功能：即："听诊器、方向盘、指挥棒、推动力"。

7. 十个字——基本功、各方面、评价体系。

**基本功** 来自于习近平总书记在 2018 年 9 月 10 日全国教育大会上的重要讲话"各级各类学校党组织要把抓好学校党建工作作为办学治校的基本功"。

**各方面** 来自于习近平总书记在 2018 年 9 月 10 日全国教育大会上的重要讲话"把党的教育方针全面贯彻到学校工作各方面"。

**评价体系** 是指导学校办学的"方向盘"和推动力。

正确的工作方向是工作中的"指挥员、教导员、领航者"。

办学的方向决定了学校应当怎样办学、教师应当怎样教学、如何评价学校办学的效果。

这一方向决定如何减轻学生过重课业负担宏观的大方向。

## 三、存在决定意识

存在决定意识，意识对社会存在又有反作用，或助长意识在社会上的影响力，或削弱意识在社会上的影响力。

需要研究的是：社会存在什么，对学生家长有什么影响，学生家长对学生又有什么影响，社会存在对行政官员、校长、教师有什么影响，这些影响又是怎么决定他们的意识的。

社会的存在是一本教科书，无时无刻不在启发、引导、影响、激励、教育社会上的每一个人。

社会的存在是一个大课堂，无时无刻不在宣传、讲授、诠释社会上的每一件事，教育着、影响着、激励着社会上的每一个人。

在媒体高度发达的今天，社会上的若干小事都被其宣传得淋漓尽致，对人们的思想也会产生深刻的影响，不但是深刻的还是全面的。

社会上存在的事务，对学生家长、对学生、对行政官员、对校长、对教师都有深刻的影响。一些影响在有意无意地加重学生过重的课业负担，这一影响是深刻的，也是广泛的。

减轻学生过重课业负担，不能不研究社会存在对其影响，这是分析问题的方法，也是解决问题的办法。

存在决定意识。意识对社会存在又有反作用，这是规律。它提示人们要用分析的方法，系统的方法，动态的方法解决中小学生课业负担过重的问题。

社会存在对人们思想的影响是深刻的。人们的思想决定其行动。

## 四、为任何一项事业服务都是一个体系

某医生医术高明，俗说妙手回春，药到病除。仔细分析这 8 个字，实

际上是“四准”为这8个字服务。这就是：病看得准、药下得准、药作用的时间准、患者遵守医嘱准。妙手回春是一个体系在为之服务。

由此例可以看到，是一个体系在为一项事业服务。当体系不完整时，服务的效果就是极其有限的。

要求人们在研究问题时，要有体系意识，要研究体系，改革体系，优化体系，充分用优化的体系为一项事业服务。

学生生活在一整个社会的体系当中，受到体系中的各种因素的影响，体系中各因素对学生作用力之合力，最终是作用在学生身上的力，这一力决定其行为的导向，决定其思想的变化。

学生的行为、思想受到三个作用力的影响，其一是家庭，其二是社会，其三是学校，这三个作用力是外因，外因影响其内因的变化。

学生过重课业负担的形成，是家庭、社会、学校三个作用力的结果，强调任何一方都有问题分析不全的可能。

不同的学生受到三个作用力的影响是不一样的，要减轻学生过重的课业负担要“因材施研”从而“因材施策”“因材施减”。

有的学生受家庭的影响很大，父母之命令不得不从，从而有意无意地增加了学习的负担，家长要求其每天必须如何如何，在这样的情况下要做家长的工作。有人说：“家长在逼分”，确有这种现象存在。

有的家长讲，社会如何如何，学校教师讲课的质量如何如何，在这样的情况下，在家必须要进行“深加工”，这又是一个影响学生过重课业负担的因素，在影响“减负”的问题。

影响学生过重的课业负担，是一个极为复杂的体系作用的结果。要看到体系，要分析体系中的各因素及其相互之间的关系，要解决因素问题，还要解决相互之间关系的问题，减轻学生过重的课业负担才有望解决。这要求人们要仔细分析所涉及问题形成的原因，全社会“协同攻关”，是解决问题的好办法。

## 五、在办学体系中永远存在可控因素和不可控因素

为教育服务，永远是一个体系。在体系中永远存在可控因素和不可控因素。

在办学的过程中，要看清什么是可控因素，什么是不可控因素。要做好可控因素，尽力减少不可控因素的干扰。

学生在校内所受到的影响是可控的，学生在校外所受到的影响是不可控的。

教师备课的水平是可控的，而评价教师工作的体系教师是不可控的。

教师留给学生的作业的数量是可控的，而学生家长给学生留的作业是不可控的。

在教与学的过程中，教师授课的深浅度是可控的，而学生家长给学生留的作业的深浅度，在补习班上教师教学的深浅度是不可控的。

研究减轻学生过重课业负担的问题，一要有体系意识，二要有可控因素和不可控因素思考问题的意识。

要研究在什么范围内什么因素学校、教师是可控的，又要研究在什么范围内什么因素是不可控的，教师要尽力做好可控因素，才有可能抵御不可控因素对可控因素的干扰。

为任何一项事业服务都是一个体系，要求人们研究事物既要看到体系中可控因素，又要看到不可控因素，特别是不可控因素常常起主导作用的时候，处理问题就会更加复杂。有这样的一个链“就业—文凭—大学—考分”，在严重地影响减轻学生过重课业负担的问题。这 8 个字像一把锁一样，紧紧地锁住教育。在这样的情况下，教师如何做好可控因素从而减轻学生过重的课业负担？对教师的素质提出了什么要求？这是对教师的考验。

学生毕业后，就业的压力越大，家长、学生对就业的期望值越高，减轻学生过重课业负担的任务越重。

地方行政官员若要把“升学率当成GDP”，对学校的压力越大，减轻学生过重的课业负担越不容易。

减轻学生过重的课业负担，针对教师而言，只有教师本身对教学质量是教师的可控因素。

学校如何做好可控因素，提高教育质量，是学校应当考虑减轻中小学生过重课业负担的最主要的问题。

## 六、感觉到的东西不一定能深刻理解，只有理解的东西才很容易感觉到它

大家很清楚：

1. 理论来源于实践；
2. 理论指导实践；
3. 理论高于实践；
4. 理论具有一般性的品格；
5. 理论接受实践的检验。

从另外的角度分析，理论常常具有“三镜”的功能。

1. 望远镜，它使人能高瞻远瞩，远见卓识；
2. 显微镜，它使人能见微知著，一叶知秋；
3. 广角镜，它使人能博采众长，开阔视野。

没有理论指导的工作常常是盲目的工作。用理论联系并指导人们的实践、实际、实用、实例，常常能把问题分析透、看清楚，并找到解决问题的办法。

解决减轻中小学生过重的课业负担，要用理论加以分析，指明解决问题各因素的路线和方法。

提高教师的教学水平，要用理论的方法加以分析，找到影响教学质量问题的实质，从而有效提高教师的教学水平。

提高教师的教学水平，应当用学习理论、教学理论，科学方法等武装

教师，这是教师发展的方向，也是提高教学水平的有效方法。

提高教师的教学水平，要充分尊重教师的首创精神，不是以什么教学模式评价教师，而是以实际教学效果评价教师。

教师有相当多的教学经验，但缺少用理论给予升华、概括，是教师本人的损失，也是教育的损失。

用“理论”减轻学生过重课业负担，是必须研究并落实的方法。

## 七、“三关三切”是对人们能力和责任心的考验

“三关三切”是对人们能力和责任心的考验。

三关，指关键时期、关键问题、关键决策。

三切，指切合时宜、切实有效、切实可行。

三关具体指人们能在事物发展的关键时期，找到影响事物发展的关键问题，针对关键问题能找到解决问题的关键办法。

三切具体指找到解决问题的办法要符合实际情况，不但能解决实际问题而且可以落实。

“三关三切”永远有一个时机的问题，这就是何时实施某种决策最有效。

“三关三切”是人们思考问题的一种方法。

“三关三切”是对人们工作能力的一种考验。

“三关三切”有利于指导人们的工作能见微知著。

“三关三切”有利于指导人们的工作能防微杜渐。

“三关三切”有利于推动教与学的最优化。

“三关三切”是培养教师与学生责任心的一种方法。

“三关三切”是培养教师与学生抽象概括能力的一种方法。

“三关三切”是指导教与学改革的方法。

“三关三切”再三强调时机，因为它是解决问题的最佳时间，解决问题效率最高的时机。

今天，中小学生过重的课业负担是什么？从何而来？

如何用“三关三切”的方法来分析中小学生过重的课业负担？

中小学生过重的课业负担其关键问题是什么？解决此问题的关键时期是什么？

中小学生过重的课业负担再这样下去，其后果将会给培养人才带来严重影响。

今天有必要用“三关三切”的方法力所能及地解决中小学生课业负担过重的问题，必须拿出切实可行的方法，拿出长效的方法，管用的方法，有效果的方法，可以落实的方法。

中小学生过重课业负担的“三关三切”是什么，如何确定“三关三切”，这是研究问题的一种方法。需要落实：

1. 社会的“三关三切”是什么。

2. 家庭的“三关三切”是什么。

3. 学校的“三关三切”是什么。

## 八、一种方法的改革能带来多少效益

众所周知，可以用箱子装东西。这是人人皆知的事，可以用司空见惯、熟视无睹来形容。

有心人，有创新精神的人，将箱子标准化、模式化、硬化、反复使用，出现了集装箱。集装箱的出现，给全世界经济带来了巨大效益，这是不争的事实。这仅仅是一种方法的改革，是能给社会带来了巨大经济效益的典范。

集装箱的出现，集装箱效益的出现，给人们的工作、给人们思考问题的方法，带来深刻的思考。它要求人们要有集装箱意识，能找到集装箱方法，去追求集装箱的效益。

在教与学的过程中，能找到集装箱方法吗？什么是集装箱方法？

集装箱方法就是在当时的条件下，教师和学生使用的时间和精力最少，而获得的效果最好。

一种方法的改革，是一定环境下一种方法的改革，不同的教与学的水平，不同的环境，各个学校，各个学科，各位老师都有不同改革的需求，因此可以找到不同的集装箱。

“集装箱满地跑，看你找不找”。

找到集装箱方法，是对教师素质的全面考验。特别是对教师责任心的考验。

找到集装箱方法，要求教师推动与启发学生找到集装箱学习方法，这是减轻学生过重课业负担的一种方法。

找到集装箱方法，要求教师与学生具有创新精神，把天天刷题的方法装进集装箱，用“集装箱方法”改造刷题的方法，要求找到提高教学质量的集装箱方法，提高学习质量和效益的集装箱方法，这一方法就是把学生推到概括水平的学习，完成由例及类的学习，达到触类旁通的效果。

## 九、任何一个人的工作都是全人格参与的过程

任何一个人的工作都是全人格（全素质）参与的过程。

例如：汽车司机把汽车开走，这是他的技能，在开车的过程中，他上边看着灯，下边看着线，左顾右盼，是全神贯注操作的过程，是他全人格参与的过程。

又如：钱学森受到全国人民的爱戴，是他用全人格全心全意地为人民、为国家服务。他有爱国的精神，还有报国的能力。

任何一个人的工作都是全人格参与的过程，这可以成为一条规律。

教师也不例外，教师用全人格教书育人。

培训教师，要培养其全人格。

评价教师，要评价其全人格。

教师用自己的全人格减轻学生过重的课业负担，这是从教师的角度研究减轻学生过重课业负担的切入点，这常常是被人忽视研究的一个问题。

教师用全人格教书育人。教师的全人格影响学生全人格的形成。

教师的全人格在教师的各种品德和教学活动中表现出来。

教师的优秀品德能够激励学生学习的动机，提高其学习的兴趣。教师的品德直接或间接为学生成才助力。这种助力是隐性的，但是长久的。

教师的各种教学活动应当落实在高效的学习活动。这是对教师的要求。

教师改变不了政策，教师改变不了社会，教师改变不了学生家长对子女的期望，教师只能改变自己的教学行为，提高教与学的效率。功=时间×功率，时间对任何人都是一个常数，功永远是不变的（功实际是教与学的质量，减负不减质量），因此对教师而言，只有提高教与学的效率，才是解决学生过重课业负担的方法。

提高教与学的效率，教师要向自己的全人格和教学水平要效率，这是教师唯一可控的因素，也是最重要的因素。

教师的全人格渗透于教学的每个环节之中。教师提高每个教学环节的效率，是教师应当永远追求的目标。

## 十、优势与条件伴生

任何一个优势，都是一定条件下的优势。当条件不具备时，优势也不存在。分析任何一个优势，一定要分析是在什么条件下促其形成的优势。

这种思维方法给学习他人的优势时，提供了一个思考问题的路径。

学习他人的优势，一要看到优势的水平，二要看到优势形成的条件。否则机械照搬，会出现“水土不服”的情况。

学习他人的优势，有一个可以借鉴的“公式”。这就是：学习、消化、吸收—引进—实践—再创新。消化的过程是分析研究的过程，吸收适合本身发展需要的“东西”。这样学习，避免水土不服，避免机械照搬，避免依葫芦画瓢，避免照猫画虎，总之，避免学习走弯路，节约时间、节约精力、节约财力，提高学习的效率。

优势与条件伴生，要求分析优势准确、分析条件准确，优势与条件有良好的契合度。

## 十一、思维——面对面

1. 人们做任何事都离不开思维？

2. 思维形成人们思考问题的路径？

3. 思维的路径提示人们解决问题的方法？

4. 思维的方法处在人的知识结构中的较高位置？如何学习思维方法？教会学生思维方法？

5. 思维常常为人们铸造解决问题的钥匙？意义何在？

6. 人们有必要掌握若干基本的思维法则？这些法则可以使人终身受益？

7. 思考教与学的问题，学与教的理论为人们提供了研究问题方法？这是理论的功能？

8. 用什么方法研究解决学生过重的课业负担比较有效？既要短效也要长效？

9. 思维始于问题。问题是要减轻学生过重的课业负担，从哪些方面研究最有效？

10. 在实际教学中，有必要给学生开设思维方法课？它是减轻学生过重课业负担值得提倡的一种方法？

# 第二章　保护好脑子

脑是人体的最高司令部。人脑是人类一切智慧活动的物质基础，是人类的认识器官。人的一切复杂的有意识的活动都是脑支配的结果。学习，必须用脑。只有脑子好用，才能提高学习效率。提高脑的工作效率，对学习者来说，具有绝对重要意义。

尽管有了人类就有了人脑，但是对于人脑活动的研究，现在知道的还很少，大量未知的东西比已经了解的东西仍然是多得不可计量。不外乎脑常常被称为“黑箱”，箱内的情况不得而知。由于现代科学的飞速发展，电子显微镜的出现，现代电子仪器以及超微量化学分析技术的应用，为打开这个“黑箱”提供了重要研究手段。所以，有人讲：“黑箱”表面已被刻画出许多痕迹，有的已成为裂缝，有往“灰箱”过渡的趋势。

本文所涉及的内容，仅仅是与学习最直接的关于脑科学最基本的一部分内容。

## 一、脑的耗氧量

成年人脑的质量约占身体质量的 2%。正常成年男子脑的平均质量约为 1400 克，正常成年女子脑的平均质量约为 1280 克（并非脑的质量越大，人越聪明）。人脑的质量在体内所占的质量虽小，但其耗氧量却很大，有资料表明，人脑所消耗的氧气多达人体总耗氧量的 20%。在集中用脑时的耗氧量竟达到氧气供给总量的30%左右。由此可见，氧气对脑的活动具有绝对重要作用。

用脑时为什么会消耗掉这么多的氧气呢？这是因为：脑的新陈代谢率很高，故血流量与耗氧量均较大。脑的唯一能量来源是靠葡萄糖的氧化来提供。从理论上讲，葡萄糖分解为脑提供能量有两种途径（实际上相当复杂）。

其一为糖酵解：

糖酵解能在无氧的条件下进行，释放出少量的能量，由葡萄糖转变成丙酮酸，反应式可以表示为：

$C_6H_{12}O_6 \rightarrow CH_3COCOOH$（至少十种酶参加）

其二为葡萄糖的氧化：

葡萄糖的氧化只有在氧存在的条件下才能进行，释放出大量的能量，丙酮酸经一系列酸性中间体完全氧化成二氧化碳和水，反应式可以表示为：

$CH_3COCOOH+5(O) \rightarrow 3CO_2+2H_2O$

由以上反应式可知，葡萄糖可按糖酵解和葡萄糖的氧化两种途径分解释放能量。实际上，葡萄糖的氧化是脑的唯一能源。当脑细胞急速需要大量的能量时，就需要血液供给大量的葡萄糖和氧。当血液中的血红蛋白不能供应充足的氧时，葡萄糖则不能氧化而释放出较多的能量，此时脑子不好用也是很自然的事了，如同一个饥饿的人不能去干更重的体力活儿一样。脑子的“乏力”完全是由于缺氧使血中的葡萄糖不能充分“燃烧”所致。

可以做这样的计算，若一间大教室的容积约为10米×10米×3米=300立方米，坐在教室里学习的学生有120人，每人每分钟呼吸14次，每次吸入空气2升，120人在100分钟内需要的新鲜空气为2升/人·次×14次/分钟×100分钟×120人=336000升=336立方米。由计算可知，教室中的空气（假定全部为新鲜空气，且呼出来的气体能立即被分离掉，并及时供给新鲜空气，实际是办不到的）不够100人呼吸新鲜空气的用量，更何况教室中的空气本来就不新鲜（特别是冬天的北方教室），相当多的空气是前一天“剩余”的。可以想象，教室中有限的空气你呼出来，他又吸进去，大家在“过滤”着空气中的氧气，实际上在进行着看不见的微型交换。在这种情况下，不能为血液提供充足而新鲜的氧气，血中的葡萄糖再多，但是没有充足的氧气而使之发生糖的氧化反应，从而也就不能为脑提供足够的能量，脑子不好用恐怕也是正常的事吧！一辆燃烧汽油而又没有汽油的汽车会飞快地奔驰，只能是童话中的故事。

在人群密集的环境中学习，怎样保护自己的脑子呢？

1. 注意通风，经常保持室内空气新鲜。

2. 下课到户外活动，呼吸新鲜空气。

3. 保持室内清洁，净化美化环境。

## 二、脑的能量来源

已经谈到，脑的新陈代谢率很高，其能量代谢的显著特点之一是几乎完全依靠血中的葡萄糖作为能源，而葡萄糖的代谢完全是通过氧化代谢，这样产生的高能物质三磷酸腺苷（ATP）最多，能充分满足需要。但是脑组织储存的糖原（糖原是由葡萄糖结合而成的支链多糖，是糖在动物体内的储存形式，大脑含有糖原0.1%，肝脏含5%）极少。由于脑内储存的葡萄糖和糖原仅够维持几分钟正常活动，所以脑时时刻刻都依赖血液提供葡萄糖。

脑是肌体中最娇嫩的组织之一，对缺氧、缺血、血糖过低、血压过低等干扰代谢的因素十分敏感。血糖不足将影响脑的正常功能，可给脑带来不可恢复的损害。

正常血液中葡萄糖的含量为100毫克/100毫升血液。当血中糖的浓度降到60~90毫克/100毫升时，肌体会出现饥饿、面色苍白、多汗、心慌、思维迟钝等症状。血糖浓度降到45毫克/100毫升时，会严重影响脑的功能，甚至出现昏迷。血中供氧不足或葡萄糖过低都会立即扰乱脑的功能。

人脑每天需要的葡萄糖约为116~145克，这么多的葡萄糖主要由每天摄入的主食来提供。

脑的能量代谢一刻也不能中断，若完全中断脑的氧合血液，在10秒钟内即丧失意识。

由以上分析可知：血中氧的含量及糖的浓度对维持脑的正常功能占有绝对重要的地位。

有的学生在考试前常喝一杯浓糖水，在考试时很少感到脑子有疲劳的情况，其道理就是溶解在水中的糖很快被体内吸收，增加了血液中糖的浓度，脑从血液中得到了充足的能源，所以有了“开足马力”的物质基础。

有的学生在饥饿时补充一点糖，对保护脑也起到了一定的作用。

有的学生早晨不起床，常常误了饭点而吃不上早饭，不得不饿着肚子去上课。前两节课还可以对付听，到了第三节课时，血液中糖的浓度迅速下降，出现了饥饿的感觉，“天将午，饥肠响如鼓”，肚子一饿，脑子开始“罢工”，不愿意再思考任何问题，听课效率急剧下降。这种时间上的浪费，纯粹是“能源危机”造成的。一两天耽误几节课损失不大，久而久之，不知浪费掉多少个第三、第四节课，一学期下来，将会造成不可弥补的损失。

从脑的能量来源看，若要很好地保护脑，就要维持血中糖的浓度。

学生应当严格遵守学校的作息时间，注意自己的饮食卫生，特别要吃好早饭，以确保上午的学习。在严重饥饿时，补充一些糖对保护脑是有益的。

## 三、构成脑的主要原料

人脑中的蛋白质几乎占脑干组织质量的1/2。生理功能越复杂的脑区，其中蛋白质与酶的含量也越多。

人脑组织中的蛋白质也在经常不断地更新。有资料表明，人身体中的蛋白质约80天更新一次，而脑中的蛋白质约3小时更新一次。

蛋白质在脑的构成与脑的活动中占有极重要的地位，因此及时提供合理的足够的蛋白质是保护脑的有效方法之一。

氨基酸是构筑脑细胞的又一重要物质。脑内的氨基酸部分是从葡萄糖代谢的中间产物转化而来，有些氨基酸几乎全部在脑和脊髓中合成，有些氨基酸则不能在脑内合成，必须由食物提供经吸收靠血液循环送至脑内。近年来发现某些氨基酸可能是中枢递质，如谷氨酸可能是感觉传入纤维和大脑皮层的兴奋性递质。

脂类是神经组织的主要有机物之一。脑的脂类物质比其他任何器官都丰富，其中以磷脂含量最多，磷脂是膜结构的重要组成部分。

由以上分析可知，蛋白质、氨基酸、磷脂是构筑脑的重要物质。要合理地保护脑，应注意及时地、恰当地提供给机体合理的含有有关营养的物质。

青少年每天大约需要 40 克左右的蛋白质。若食物中蛋白质的数量不足，会影响中枢神经系统的功能。在瘦肉、鱼、虾、蛋类、乳类、豆类以及核桃仁、花生仁、谷类等食物中含有蛋白质，其中以动物蛋白为最好。

氨基酸是蛋白质的组成单位。食物中的蛋白质经消化吸收以后，以氨基酸的形式进入全身组织，供机体需要。机体内尚可合成一些氨基酸。

磷脂（特别是卵磷脂）是脑细胞思考记忆功能的重要营养物质。大豆、鸡蛋、牛奶中都含有丰富的卵磷脂。

此外，无机盐中磷、维生素、微量元素也是机体中不可缺少的物质。

许多实验表明，神经细胞和大脑细胞都需要钙。钙的极度贫乏会引起神经错乱。镁是保持良好记忆力的重要元素。复合维生素 B 有利于和有助于脑力劳动。

由此看来，学习者在学习专业知识的同时，还要学习一些脑细胞的营养学，对保护脑大有裨益。

目前，相当的家庭并不富裕，因此这些家庭供养学生的经费也是有限的。相当学生的生活是比较困难的，特别是在贫困地区的农村。一些学校的风气、班级的风气并不太好，攀比的风气比较严重。积极鼓励学生在学习上、思想进步和工作上互相攀比，本意是让人家互相学习，互相促进，你追我赶，力争上游。而一些学校实际的情况并非如此，在学习和思想上恰恰没有攀比的劲头，而在穿戴上攀比较为严重。现在衣服很贵，而且款式也在不断地变化，多少钱才能赶上时髦呢？学生又有多少钱去赶这个时髦呢？用较多的钱去买穿戴的，在吃上肯定要“严格要求”自己。青年学生正在长身体，学习又是相当累的，因此需要较丰富的营养来供给身体。若有限的经费在穿戴上投资过多，必然在吃上会出现投资不足的问题。由于身体不好，脑子不好用，会给学习带来很大的影响。

## 四、脑的协同工作区

人们在研究神经元成分与结构特征的基础上，把大脑皮层分成了许多区，一般应用较为广泛的是按布姆德曼分类法把它分为 52 个区域，每个区分别“主管”身体的某一部位的某种功能。大量实验表明，大脑皮层的不同部位（区域）分别主管身体的某一部位的某种功能并不是绝对的，各个区域只是主管身体的某一部位的某种功能的核心部分，其他区域也有类似的功能。当某一部位（区域）损伤时，在一定的条件下，常可由其他区域起机能的代偿。在疾病过程中，机体通过调整原器官或其他有关器官的功能、结构及代谢来代替、补偿病变部位（或器官）功能的障碍及代谢的失调，使其重新趋于平衡和协调，此种功能称为代偿作用。

学习是一个心理过程，一切心理过程（感受动作、主动运动、语言的和智力的活动）都是包括自己的动机和目的成分在内的复杂的机能系统，全是由复杂的成套操作完成的，它们所依靠的是由一定的神经元群的直接神经支配所建立的“感性的组织”。这一系列由部分组成的复杂系统不可能在脑的孤立区域直接“定位”，它们多半是分布在大脑皮质的各个区域和最近的皮质下区，其中每个部位在组织某种心理活动上都有自己的贡献。

有资料表明：不同的思维形式诱发脑的不同部位发生作用。

生理学家按大脑皮质的主要功能，把大脑皮层分为若干个区域，在正常的情况下每个区域都有明显的分工，大脑皮层的不同区域执行不同的任务，分工较细。当学习某一内容时，大脑皮层将根据学习的内容“组织”若干个区域构成一个协同工作区工作（这部分区域处于兴奋状态，其他部分则处于抑制状态）。随着学习内容的变化，脑中的协同工作区也将发生变化，大脑之所以能较长时间地工作，正是因为协同工作区在不断地转换的缘故。由此可以推出，不同的学习内容互相轮换，将诱发大脑中的协同工作区不断轮换，从而使大脑得到较好的休息，同时也使大脑能坚持较长时间的工作。

根据大脑工作的特性，合理地组织各种学习任务交替进行是提高学习效率的有效方法。

俄国作家车尔尼雪夫斯基说的“变换工作就等于休息”就是这个道理。

列宁在向他妹妹介绍学习经验时说：“我劝你按现有的书籍正确地分配学习时间，使学习内容多样化。我很清楚地记得，变换阅读或工作的内容，翻译以后改为阅读，写作以后改做体操，阅读有分量的书以后改看小说，是非常有益的。”

居里夫人在看书的时候，桌上总是同时摆着几本书，看一本书感到疲乏的时候再换另一本，其目的就是在调整“协同工作区”，提高用脑效率。

由“协同工作区”机理可知：

适时、适当地变换学习的内容是提高用脑效率的有效方法。变换学习内容的种类、学习时间的长短，要因人而异，因学习内容的难易程度而异，因学习内容的相似程度而异。

由“协同工作区”机理，可以衍生出一些学习方法，如文理相间学习法，形象—抽象交替学习法、动—静交叉学习法等。这是脑科学对学习方法的指导。

文理相间学习法，即文科和理科交叉学习的方法。

形象—抽象交替学习法，即较为形象的和较为抽象的知识轮换学习的方法。

动—静交叉学习法，即有活动内容的学习与静坐默想学习的内容分配进行的学习方法。

难—易交叉学习法，即学习者自己感到较难的学习内容与较易的学习内容交叉学习的方法。

有兴趣—无兴趣交叉学习法，即学习者自己对学习有兴趣的内容和学习无兴趣的内容交叉进行学习的方法。

## 五、保护好脑子——面对面

1. 如何保护脑子？从营养方面如何保护脑子？从用脑方面如何保护脑子？

2. 学生是否应当知道保护脑子的常识？保护好脑子的常识可以使学生终身受益，是一本万利之事，如何把此事做好？

3. 在营养条件比较差的情况下，有专家讲，用吃黄豆和黄豆芽的办法解决脑营养的问题，是否有道理？

4. “富氧学习法”是什么含义？在学习中如何做到“富氧”？

5. 根据“协同工作区”原理，你可以创造出多少种学习的方法？

6. 由“协同工作区”原理创造出的若干种学习方法，你对掌握理论、原理有什么体会？

7. 根据已知脑工作的原理，你能想到多少种提高学习效率的方法？如何利用？

8. 请学生收集一些保护脑的科学常识并将其应用于平时的用脑之中，经过一段时间，体会对提高学习效率的作用。由此，你能学到多少种学习的方法？

9. 保护好脑子能减少学生过重的课业负担吗？这是一定的，但你知道怎样保护好脑子吗？怎样科学用脑？

10. 科学用脑能减少学生过重的课业负担吗？肯定可以，但是你知道多少种科学用脑方法？

11. 如何宣传科学用脑减少学生过重的课业负担？在教与学中，有宣传科学用脑的短板吗？

12. “富氧”“富养”“协同工作区”是保护好脑子的最基本方法，如何落实？

13. 科学用脑是减轻学生负担的第一位的方法，你同意吗？

14. 科学用脑是减轻教师负担的第一位的方法，你同意吗？

15. 如何“推动”使脑子好用，是减轻学生过重课业负担的有效方法，有推动的方法吗？

16. 学生在学习中间感觉到疲乏，到户外锻炼一下身体，有推动使脑好用的作用吗？锻炼身体是在浪费学习的时间吗？

17. 学生在学习中间感觉到疲乏，帮助家里做些家务，有推动使脑好用的作用吗？这样既参加了劳动，又使脑子好用，不是一举两得吗？

18. 学习是拼学习时间长而不是拼科学用脑，这种观点对吗？

# 第三章　教师

根据《中华人民共和国教师法》可知，“教师是履行教育教学职责的专业人员，承担教书育人、培养社会主义事业建设者和接班人、提高民族素质的使命”。

由此可知，教师的职责是贯彻教育方针，立德树人、教书育人，培养全面发展的社会主义建设者和接班人。

教师的职业光荣而伟大，责任重大。

“经济解决今天的问题；

科技解决明天的问题；

教育解决后天的问题。”

教育的功能是为国家培养人才，解决国家可持续发展的人才问题。我国实施教育优先发展战略，其重大意义就在于此。

2014 年 9 月 9 日，习近平总书记同北京师范大学师生代表座谈时指出：

“第一，做好老师，要有理想信念。”

“第二，做好老师，要有道德情操。”

“第三，做好老师，要有扎实学识。”

“第四，做好老师，要有仁爱之心。”

2018 年 5 月 2 日，习近平总书记在同北京大学师生座谈会上强调：

“人才培养，关键在教师。教师队伍素质直接决定着大学办学能力和水平。”

2018 年 9 月 10 日，习近平总书记在全国教育大会上强调：

“教师是人类灵魂的工程师，是人类文明的传承者，承载着传播知识、传播思想、传播真理，塑造灵魂、塑造生命、塑造新人的时代重任。”

“人民教师无上光荣，每个教师都要珍惜这份光荣，爱惜这份职业，严格要求自己，不断完善自己。做老师就要执着于教书育人，有热爱教育的定力、淡泊名利的坚守。”

教师是极为特殊的职业，其特在教师“生产”出的产品是人，关系到人一生幸福，关系到国家强国的力量。

教师是极为特殊的职业，其特在既要教书，还要育人，使千变万化的学生成为德智体美劳全面发展的社会主义建设者和接班人。

教师是极为特殊的职业，其特在用自己的全人格（全素质）教书育人。

## 一、宏观看教师

1. 教师是培养人的人，塑造人的人。
2. 教师是培养人才的人才。
3. 教师做的是福民强国的事。
4. 教师为育人而教书，做教书育人的事。
5. 教师是人成长的导师、领路人、保护人。

由教师的职业责任，看出教师对社会的贡献，同时也看出对教师的要求，看出教师应当具备的素质。

由教师的职业责任，教师应当为人师表，诲人不倦，具有蜡烛的精神，消耗自己，照亮别人。

## 二、教师工作的特点

1. 教师的工作是一个良心活。

2. 教师的工作常常是个“单干户”。

3. 教师教育的是千变万化的学生。

4. 教师的工作常常没有时间、地点限制。

5. 一名教师的工作得到真正的评价常常在若干年之后。

6. 教师的一举一动在学生中间都有一定的示范性，都会产生一定的影响。

7. 教师是特殊的生产者，教育过程是把千变万化的人培养成德智体美劳全面发展的社会主义建设者和接班人。

8. 教师大公无私，最不保守；耗尽自己，点亮学生；甘为人梯，助力成才。

9. 评价教师的工作成绩是培养出学生的质量。

10. 对教师的回报是精神享受，享受桃李满天下的幸福，享受学生成才的幸福，享受学生为国家做出贡献的幸福。

11. 教师教的是千变万化的人，要求教师有千变万化的方法，教师追求的是在当时的条件下最优化的教育方法。

12. 教师用全人格教书育人。

13. 教师用尽掌握的教学艺术，为减轻学生过重的课业负担服务。

14. 教师的威信是一种特殊的劳动手段。

15. 教师的威信是一种特殊的教育能。

16. 教师的威信具有征服人心的特殊功能。

17. 教师的威信是影响学生产生动力的动力。

18. 教师的威信来自于教师的全人格。

## 三、教师用全人格教书育人

教师用全人格教书育人即用教师全素质教书育人。

1. 教师的威信是一种教育能。

2. 教师的教态具有神奇的教育力量。

3. 教师良好的情商是教师教育能力的指挥棒。

4. 教师的教学艺术是为学生减负的灵丹妙药。

5. 教师富于热情和同情心可以转化为学生学习的动力、学习的兴趣。

6. 教师与学生之间良好的关系是提高教育质量的增效剂和润滑剂。

7. 教师对学生的爱将产生巨大的教育力量。

8. 教师在教学中营造的民主氛围是学生学习的第一幸福指数，是减少学生精神压力的“减压阀”。

9. 教师的人格塑造学生的人格。

10. 教师的威信是培养学生学习动力的动力。

## 四、师德

师德是教师在教与学的过程中，表现出来的品德。

1. 师德是教师的职业道德，必备的道德。

2. 师德是职业对教师的要求。

3. 师德是教书育人的资本。

4. 师德是教师教书育人的基本素质。

5. 师德是教师全人格当中的重要特征。

6. 师德是教师形成威信的原材料。

7. 师德是形成校风的重要内容。

8. 师德是学校的隐蔽课程。

9. 师德是培养学生形成全人格的重要因素。

10. 师德是激励学生形成学习动机的有效刺激物。

11. 师德是教学效果的助力器，学生学习效果的助力器。

12. 师德是提高教育质量的关键因素。

13. 师德是一种特殊的“盐”，“腌”出学生的全人格、强烈的学习动机、责任心、良好的学风。

14. 师德培养出教育中的民主氛围，民主氛围是学生学习的第一幸福指数。

15. 师德是提高教育质量所有因素中不可替代的关键因素。

16. 师德减少学生学习中的疲劳，是因为激励了学生的学习兴趣和强烈的学习动机。

17. 师德是培养学生良好品德的最好的榜样。

18. 师德是教师在学生心中的形象。

19. 师德是重要的教育力量，是任何外物不可替代的教育力量。

## 五、受欢迎教师的主要特点

受欢迎的教师是受学生尊敬的教师，教育效果好的教师。

1. 关心学生，热情，富有同情心。
2. 教学有耐心，细心，诲人不倦。
3. 虚心听取学生意见，平易近人。
4. 有责任心，对工作认真负责。
5. 能为人师表，处处做学生表率。
6. 办事公平，不偏心，不歧视落后生。
7. 有渊博的知识，善于表达。
8. 诊断学生学习困难准确，能帮助学生渡过难关，体贴学生的困难之处并给以有效帮助。
9. 教学有条理性、逻辑性，启发学生。
10. 注意对学生全人格的培养。
11. 在教学中能创造出民主的氛围。
12. 注意处理问题的方式、方法。

## 六、课堂教学十四忌

课堂教学中，教师的一些行为表现会影响教学的效果。

1. 忌口头禅，带脏字。

2. 忌夸夸其谈，不着教学边际，浪费时间。

3. 忌讲课不分主次，平铺直叙，不能突出重点。

4. 忌讲话平淡无力无精神，声音小，尾音轻。

5. 忌低级庸俗趣味，精神污染。

6. 忌课堂上发怒，影响学习气氛。

7. 忌穿奇装异服，引发学生议论。

8. 忌不修边幅，不讲究卫生。

9. 忌在讲台上动作过大，走动过多，分散注意力。

10. 忌缺少总结、概括，不能提高学习水平。

11. 忌不讲学习方法、思考问题的方法。

12. 忌讲半截话。

13. 忌教师不能有效促进学生知识结构的形成。

14. 忌照本宣科，毫无创新之意。

## 七、教师——面对面

1. 教师的基本素质是什么？

2. 什么样的教师是好教师，受欢迎的教师？

3. 为什么说教师用全人格教书育人？

4. 从教师教书的角度而言，教师如何减轻学生过重的课业负担？

5. 减轻学生过重课业负担，仅仅从作业量的多少来谈吗？这只是表面的现象？

6. 如何理解教师的知识、智力水平超过某一关键水平以后与教学效果无显著相关？

7. 为什么教学中的民主氛围是学生学习第一幸福指数？它能够减轻学生过重课业负担吗？

8. 教师的威信是怎样树立起来的？

9. 为什么说教师的威信是一种教育能？

10. 在当前，欲提高教师的教学水平，最主要的方法是什么？是责任心与能力并举吗？

11. 提高教师学习理论的水平，可以提高教师教学理论的水平吗？可以提高教师教学实践的水平吗？

12. 培训教师培训的是什么？

13. 教学是可以模仿的教学艺术吗？

14. 教学艺术可以模仿吗？若不可模仿，为什么？

15. 如何向教学艺术要减轻学生过重课业负担的效果？

# 第四章　中小学生过重课业负担的原因及其危害

减轻中小学生过重课业负担是社会呼声最高的问题之一，因为其对学生的发展及家庭影响甚大，对国家发展影响甚大。

减轻中小学生过重课业负担是教育中的一个大问题，仅仅靠教育解决的问题是有限的，但又是解决问题的一个重要方面。

如何解决中小学生过重课业负担需要透彻的分析，一定要针锋相对地找到解决问题的办法、可实施的办法、可持续的办法。

解决中小学生过重课业负担，是一个庞大的体系作用的结果。需要用系统的方法分析问题，用系统的方法解决问题。

## 一、中小学生过重的课业负担

学生学习，必须有一定的负担。学生应当该念的念，该写的写，该动手的动手，该动脑的动脑，这是学习的规律所决定的。

学生学习的负担，应当根据不同的年级、不同的学科、不同的难易程度，等等，酌情分配学习应有的负担。学校各科教学，在学生学习负担上，应当互相照顾，协调一致。

什么是过重的课业负担？其本身无确切的定义。过重的课业负担，其关键在于“过重”。如何评价过重或不过重，拿出一个统一的标准，是一件很不容易的事。

某学习任务，针对A生而言，过重，针对B生而言，不过重；针对身体好的学生而言，不过重，针对身体不好的学生而言，过重；针对学习有兴趣的学生而言，不过重，针对学习无兴趣的学生而言，过重；针对有良好学习习惯、掌握学习方法的学生而言，不过重，反之过重……过重与不过重永远是相对的。

讲课讲究艺术的教师，能激发学生的学习兴趣，教授学习方法，课讲得津津有味，学生乐意听教师讲课，喜欢教师所讲的内容，同一内容对学生而言学习负担不重，反之，教师讲不明白，学生学习难度很大，增加了学生学习的负担。

有的学生家务活很重，每天学习的时间有限，针对这样的学生而言，同样的学习任务就会感到很重。

学习负担重或不重，应当具体问题具体分析。

功=功率×时间。

功是一定的，即教育质量不变，窄化而言之，即教学质量不变。减负不能减质量，这是所有减负的前提。

针对功而言，只剩下两个变量，一个是时间，另一个是功率。减少学习时间，必然要加大功率。减少功率（学习的强度），就要延长学习时间。

人不是机械，人脑也不是机械，随着用脑的疲劳，学习效率必然降低。不能用机械公式计算人的学习效率。但是功=功率×时间这个公式确给人们分析问题提供了一种方向性的分析问题、解决问题的方法。

功=功率×时间。减少学生过重课业负担的方法有两个，即提高学习效率，减少学习的时间。在教与学的过程中，哪些因素可以提高学习效率，哪些因素可以减少学习时间，是研究解决学生过重课业负担的根本方法。具体而言，这就是向教要效率，向学要效率。

提高教与学的效率，从某种意义上说，要提高教与学的强度，强度过大教师和学生都承受不了，需要研究的是：既提高学习效率，又不增加学习的强度，既不增加教的强度，也不增加学的强度，这种教与学的方法是人们追求的减轻学生过重课业负担的方法。

提高教的效率有什么方法？落实到向教要效率，即提高教学水平。

提高学的效率有什么方法？落实到向学要效率，即提高学习水平。

从理论上说，这是减轻学生过重课业负担的方法。

教与学是极为复杂的活动，教师和学生都是人而不是机械，教师的教、学生的学会受到各方面因素的影响，消除不利因素的影响，会提高教与学的效率，清除不利因素的影响越彻底，效率提高的概率越大。

对任何学生而言，学习的负担过重与不过重都是相对的，没有“一刀切”的标准。人们常常用中等学生的学习状况作为参考性标准。

减轻学生过重的课业负担，“要减去长期的、大量的、超学生学习负荷的一些‘磨盘式’的不加理解死记硬背的知识和学习效果极其有限的练习，使学生失去了对学习的兴趣，对学习产生厌烦心理几乎无效的作业以及占用学生自由活动时间几乎无效的教学。”

本书根据这一认识，研究如何减轻学生过重的课业负担。

## 二、对减轻中小学生过重课业负担的宏观认识

1. 减轻中小学生过重的课业负担，是一个相当复杂的问题。因为造成增加学生过重课业负担的原因复杂。

2. 增加中小学生过重的课业负担是一个体系，这个体系至少有三部分因素，一是社会、二是家庭、三是学校。由体系造成的问题必须用体系的方法解决。

3. 在一个体系中，永远存在“可控因素和不可控因素”，可控因素和不可控因素永远是相对而言。针对 A 为可控因素，针对 B 可能是不可控因素，应当具体问题具体分析。

4. 有些不可控因素涉及的内容相当复杂，有些问题在短时间内还不容易解决，解决一些问题尚需一个过程。看到问题总比看不到好，今天做不到的事不能永远办不到，人们应当树立信心解决这一个复杂的问题。

5. 解决中小学过重的课业负担，要把问题分析清楚，把问题看清、看准、看全、看透，在现有的情况下，找到解决问题的方法。

6. 解决问题，解决一个是一个，解决一点是一点，减少一分是一分。要从大处着眼，小处着手，根据实践，可持续减少课业负担。

7. 研究减轻中小学生课业负担问题，应当从提高教育质量的方面考虑，相对而言，阻力较小，矛盾较少。在不能改变其他因素的情况下，从教的角度而言，是主要矛盾的主要方面。

8. 提高教育质量，提高教师质量，提高教师的教学水平，是教育中永恒的主题。

## 三、增加中小学生过重课业负担的主要原因

增加学生过重课业负担的原因有多种，各种原因互相交叉、互相影响，并有相互“加油”的趋势。减轻学生过重课业负担绝非易事，任重而道远。提高广大教师的教学水平是永恒的主题。

### （一）学生过重的课业负担来于就业

1. 学生家长及学生都希望大学毕业后能找到一份称心如意的工作。入职的基本条件常常就是大学毕业的文凭，因此形成一个链条，这链条就是就业—文凭—大学—考分，这一链条对学生的学习产生较大的压力。

2. 目前，大学录取的条件就是看学生考试的分数，学生再好考分不够大学录取的分数线也不会被录取。大学看的是高考的分数，学生就要努力争取高考的分数。

3. 一些用人单位专门录取“985、211”学校毕业的学生，考入“985、211”的学生，数量相比较高考人数是很有限的。因此考上“985、211”学校的学生，需要高考更高的分数。

4. 家长希望学生能学习一种或几种技能，到职业院校去学习，国家对职业院校也给予了大力支持，目前支持的力度相当的大。但一些职业院校

的办学水平有限，培养出来的学生所掌握的知识和技能，不能与用人单位的标准对接，学生找工作又会遇到若干麻烦。因此一些学生家长不愿把学生送到职业院校去读书。

学生就业问题是增加学生过重课业负担的重要原因之一，改变人们的就业观念也是一个很现实的问题。

### （二）一些家庭增加学生过重的课业负担

增加学生过重课业负担还来自于学生家长。

家长生活于社会，社会的存在决定其意识。

家长的孩子受教育于学校，对学校有较高的期望值。因为学生受教育的好与坏，在很大程度上取决于学校教育的水平，其要求学校能有优秀的教育质量。当学校的教育质量不尽如人意，家长又无力改变学校的现状时，家长就会根据自家的条件，对学生进行特殊的“加工”。

家长对学生进行特殊加工的压力来自于三个方面：一是文凭压力，二是就业压力，三是发展压力。解除三个压力的具体措施是对学生进行“广加工”“深加工”“严加工”。不同的家庭根据家庭条件对“广、深、严”加工有不同的形式和方法，有不同的强度。

学生除了要完成学校的所有作业，还要完成家长安排的因特殊加工而延伸出来的作业。这一作业大大加重了学生学习的负担。尽管学生和家长为学习付出了很大的努力，最终为的是一句话“不要让孩子输在起跑线上”。

学生家长的压力来自于社会同时又来自于学校，各种有形无形、直接间接的压力最终传递到学生的学习负担之上。孩子若遇上了“虎妈”“狼爸”，有些事情恐怕更严重。

为了不让孩子输在起跑线上，学生家长可谓竭尽全力，凡是能为高考加分的事，想方设法，千方百计开足马力，加强学生的学习。在这样的环境下，必然增加学生过重的课业负担。

### （三）学校种种因素直接或间接增加学生过重的课业负担

学校生存于社会之中。社会是一个透明的社会。社会上的任何一种表现形式或思想对社会上的人或事都有极大的影响。

学校受到社会的影响，学校受到家长的影响，社会和家长两个影响形成合力，作用于学校。这个合力对学校产生一定的压力，这一压力将有形无形、直接或间接转化为学生过重的课业负担。主要表现形式为：

1. 对学校办学水平的评价体系。

2. 对学校校长的评价体系。

3. 对教师的评价体系。

4. 一些不能很好贯彻教育方针的地方官员，将学校的升学率看成地方GDP，看成地方政府工作的政绩，从而对学校施加不同压力。

5. 由于种种原因，推动学校单纯追求升学率。

6. 一些学校，不能科学地贯彻教育方针，将学校的活动集中于学生的学习（智力活动），有的学校将智育窄化为学习，争取高考高分。

7. 学校一些不够科学的评优制度。

8. 学校超纲教学，增加学习难度和负担。

9. 学校超速教学，增加学习难度和负担。

10. 学校一些教师缺乏教学经验，迫于各种压力，增加一些或相当多的与提高教学效果不大的课外作业。

11. 超量作业，学生的作业多数走的是“磨盘式”的老路，占用学生大量学习时间，而这样的作业对提高学生的学习水平极其有限，有的练习甚至促进了学生负迁移。

12. 一些学校过频的考试，对老师和学生都带来了不小的压力。考试的成绩与教师各种待遇挂钩。

13. 一些学校不能有效调动学生的学习兴趣，将学生当成了学习机器，不讲究学习方法，让这台“学习机器”拼命“干活”。认为拼题就是拼分，就是拼升学率。

14. 一些学校不能有效地培养学生的非智力因素，特别是自信心，克服困难的勇气和决心，过重的课业负担使学生失去了对学习的兴趣，在有的学生身上出现了恶性循环。

15. 一些教师不能充分利用有效练习，推动学生举一反三，由例及类的学习。

16. 一些学校教学设备不足，不能为学生提供更多的育人场所与活动，只能在教室内刷题。

17. 一些学校不能有效贯彻教育方针，强调智育的分数，而轻视其他四育的培养。

学校的一些做法有的是不得已而为之，减轻中小学生过重的课业负担，要从多方面“下手”。

## 四、中小学生过重课业负担的一般表现形式

1. 作业量大，相当一部分作业走的是“磨盘式”的老路，效果不明显，用去相当多的时间。

2. 题海战术，每天把学生埋在习题之中，把学生当成做习题的机器。

3. 延长教学时间。

4. 提高教学难度。

5. 提高教学速度。

6. 频繁考试，学生忙于备考，压缩睡眠时间。

7. 学生每天自由活动时间少，体质下降。

8. 不讲究科学用脑，降低脑的使用效率。

9. 学生的学习能力不能得到很好培养，缺乏科学的学习方法，学习效率不高。

## 五、中小学生过重课业负担带来的主要危害

1. 扼杀学生的学习兴趣。

2. 扼杀学生学习的动力。

3. 损害学生的身体健康，影响身心发展，乃至终生的发展。

4. 不能有效贯彻教育方针，培养人才质量受到很大损害。

5. 学生创新思维、创新能力的培养受到很大的制约，影响国家创新人才的培养。

6. 助长了单纯追求分数的思想。

7. 不利于教师的培养与发展。

8. 不利于学校管理人员的培养与发展。

9. 不利于建设教书育人的良好环境。

10. 教育质量受到严重损害，将严重影响国家人才的素质，以致对国家的发展产生一定的影响。

11. 使中小学生失去快乐的童年，对其成长会埋下一堆阴影，影响一时，甚至影响其一生对学习的态度。

## 六、中小学生过重课业负担的原因及其危害——面对面

1. 如何定义中小学生过重课业负担？

2. 中小学生过重课业负担能定义吗？可以描述吗？

3. 如何分析中小学生过重课业负担的原因？

4. 为什么中小学生过重课业负担的问题总是解决不好？根源在什么地方？

5. 中小学生过重课业负担是一个体系造成的，如何分析这个体系？

6. 中小学生过重课业负担造成的危害是什么？其危害青少年发展？其危害国家人才的培养？违背教育的初衷和使命？

7. 中小学生过重课业负担若不能解决，如何分析教育的本质？如何分析贯彻教育方针？

8. 中小学生过重课业负担，如何分析其近期和长期对学生发展的影响？

9. 教育界分析中小学生过重课业负担的原因分析得透彻吗？

10. 实行“双减”，能从本质上减轻中小学生过重课业负担吗？

11. 某学校被形容为中国学生作业最少，压力最小的好中学。其做法是：“作业很少，压力很小，教师知道怎样练最精，性价比最高，不会做那些无用功，学生的辛苦都是老师扛着。”对此，你如何体会？

# 第五章　学习

学习是极为复杂的过程，到现在为止，还没有一种理论可以解释各种各样的学习现象。不同的专家、学者从不同的角度研究学习现象，解释学习现象。

笔者同意这样的观点：学习理论是第一性的，教学理论是第二性的，教学理论是学习理论在教育中的派生物。

根据这一观点，要研究教，首先要研究学，这是提高教学水平的有效方法，这是“追本溯源”。

学习理论常常是产生方法的方法，产生智慧的智慧，产生教学艺术的艺术。

学习理论可以减轻学生过重的课业负担吗？如何利用学习理论，提高教师教学理论的水平，提高教师优化教学方法、教学艺术的水平，是本书要研究的一个重点问题。

“教为主导，学为主体”，教师的教学水平影响学生学习的水平。从某一角度讲，学生的学习水平是教师教学水平的反映，看学生怎样学习，常常可以看出教师怎样教学。

学习理论讲学习的原理，它要求教师吃透学习理论的实质，根据自身的情况，创造性地应用于教学之中。

教与学不分家，针对教师而言是教，针对学生而言是学。教为学提供思路与方法，学又为教提供思路与方法，二者紧密联系，相得益彰，相互影响，又相互补充。

笔者始终认为：提高教师学习理论的水平，并将其创造性地灵活应用于教学之中，是减轻学生过重课业负担的一种有效方法。

## 一、没有兴趣，就没有学习动力，就没有学习

### （一）没有兴趣，就没有学习

人们做任何事，都要有动机。动机产生动力。兴趣是产生动机的源泉。

教学是双方的事。教是教师的事。学是学生的事。教与学是一个统一体。优秀的教学是向统一体要教学效益。因此要求人们要研究统一体，优化统一体，这是提高教与学效益宏观的思考。调动两个积极性，是优化统一体的方法。

教师教学的动力，来自于教师的职责及其要追求的目标。

学生学习的动力，来自于获得知识、技能后成才，能成为优秀人才。

当学生的学习没有动力时，当学生缺乏学习动力时，教师应当做些什么，这是一个极为现实的问题。

学生学习的动力既是学习的条件，又是学习的结果。

大家很清楚："动机是学习的先决条件"，学生没有学习动机，没有求知的欲望，有意义的学习不可能发生，机械学习也不可能发生。

在这样的情况下，对于暂时没有学习动机的学生，没有学习兴趣的学生最好的方法是：不管学生兴趣和动机状态如何，教师要集中精力把书教好。当教师用感人的教学方法教学时，学生慢慢地尝到了学习的甜头，这甜头就激励学生产生一点点学习的兴趣和动机。一次教学尝到一点甜头，激励学生产生一点动机；二次学习又尝到一点甜头，又激励学生产生一点动机，这样循环往复，学生的学习动机和兴趣在不断增加，最后由量变转为质变，由甜头而增加的学习动机和兴趣，可能要以几何级数增加。

由学习尝到了甜头，带动了学习动机，由学习动机又带动了学习兴趣，解决了“没有学习兴趣就没有学习”的问题。

学习兴趣对学习非常重要。学习兴趣激励学习动机，它既是学习的条件又是学习的结果。

学习动机和学习兴趣之间的关系这里不做详细的讨论。

对没有学习兴趣的学生，笔者主张用优秀的教学感染学生、推动学生使之由无兴趣到有一点兴趣到不断增加的学习兴趣。

学生的学习兴趣，与学习的内容、学习的方式方法以及教师的教学方法等密切相关。

学生学习的动机与兴趣，与减轻学生过重的课业负担相关。有兴趣的学习，学习再多的知识也不觉得疲倦，也不觉得压力大。因此，培养学生的学习动机，增加学习的兴趣，也在减轻学生学习的负担，这种负担减轻的本质更多是减轻学生学习精神上的压力。

减轻学生过重的课业负担，要从两方面入手，一是减轻精神压力，二是减轻实质学习上的压力。二者相互影响，相互作用。二者作用在学生身上的合力是学生的负担。

学生的这一负担，是在不断形成之中又在不断变化，或在减轻或在增加。

学生的学习任务和质量是不变的，关键是使学生能在尽量轻松愉快的环境中获得。这要求教师通过自己的优质教学，精打细算，精益求精、精心雕刻教学中的每一个环节，使师生的有限精力全部用在刀刃上，用在“节骨眼”的地方，师生共同努力，减轻学生学习负担。

### （二）没有兴趣，就没有学习动力，就没有学习——面对面

1. 什么是兴趣？表现形式是什么？
2. 兴趣是先天的还是后天培养的？
3. 没有兴趣就没有学习的道理在何处？
4. 在教学中如何培养学生的兴趣？

5. 如何培养学生对学习的兴趣？

6. 兴趣和动机是什么关系？

7. 学生学习是先有兴趣后有动机，还是先有动机后有兴趣？它们之间是什么关系？

8. 如何培养学生由直接兴趣转移到间接兴趣？

9. 学生学习没有兴趣，是怎么形成的？

10. 培养学生学习的兴趣，就是在培养学生的毅力、耐力、克服困难的勇气和决心，这种观点对吗？

11. 在教学中，如何培养、保护学生的学习兴趣？兴趣能否产生动机？动机能否产生毅力？

## 二、机械学习

机械学习指学习者对所学材料不加内化生吞活剥的、死记硬背的学习。其中，内化指学习者将所学的新知识同学习者原有知识结构中的有关知识融为一体并储存下来的过程。

造成学习者机械学习有多种原因，但是最主要的有三种。即：

1. 由所学材料本身造成；

2. 由学习者的主观因素造成；

3. 由教师的教学水平造成。

### （一）由所学材料本身造成

由所学材料本身造成的机械学习，指所学材料本身不能与学习者原有知识结构中的知识融为一体，学习者不能理解所学材料的意义，只能死记硬背。如初学者在初中学习化学元素的符号，就是典型的机械学习。学习氯元素的元素符号 Cl（表示氯元素，代表一个氯原子，符号记为 Cl），它是约定俗成的，与学习者头脑中固有的知识不能建立非人为的实质性的联系，只能是人为地将其固定在自己的知识结构中。像这样的学习，是由客观学习材料决定其学习的类型。

在我国初中和高中的化学教材中，学习石蕊和酚酞等遇酸遇碱变色的情况，由于受到知识的限制，学生不能理解遇酸遇碱会变色的原因，教师也不能解释为什么遇酸遇碱会变色，学生只能死记硬背变色的结论，从而导致学生机械学习。

学生学习英文单词特别是英文单词中的词干，如 black，等等，皆为机械学习。

### （二）由学习者主观因素造成

由学习者主观因素造成的机械学习，有时与学习者的动机有关，有时与学习者的知识基础有关，有时与学习者的能力有关，个别时与过重的课业负担有关，学生没有时间理解消化有关知识等。

与学习者的学习动机有关。学习者不愿为所学材料付出努力，从而也就不能理解所学材料的实际意义，为了应付学习和考试，不得不将所学材料死记硬背下来，从而使有意义的学习变为机械学习。

与学习者的知识基础有关。知识之间有一定的逻辑关系，它们之间有一定的关联性，学习新的知识总是以原有的知识作为基础，即新知识总是以旧知识为基础。所学的新知识，学生应当利用旧的知识来理解新的知识，但由于学习者原有的一些与新知识相关联的知识或忘记，或曲解或不完整，旧有的知识不能同化新知识，不能用旧的知识理解新知识的实际意义，为了继续学习，学习者只能将其死记硬背，使有意义的学习变为机械学习。

与学习者的能力有关。学习常常要求学习者能“举一反三”，举一反三能不能出现，能不能发生，与学习者的迁移能力有关。在学习中虽然有迁移的机会出现，但是由于受到学习者能力的影响，则不能实现正迁移（一种学习对另一种学习有正面的促进作用），从而不能理解所学材料的实际意义，或完全不能理解或有些内容不能理解，导致全部或部分机械学习。

### （三）由教师的教学水平造成

教师的教学水平影响学生的学习水平。当教师的教学与学生的学习能力相脱节时，常常造成学生听不懂教师所讲的知识，当学生听不懂而又无力自学时，不得不将教师讲授的知识死记硬背下来，造成生吞活剥的学习，使有意义学习变为机械学习。

学生为什么听不懂教师所讲授的知识，这里强调更多的是教师不能吃透教材，或教师对教材本身就理解不全，或教师不能用学生能听懂的语言讲授新知识，教师不利用学生原有的有关知识，等等。总之，是因为教师的原因造成学生对所学的知识不能理解其实质，只能生吞活剥、死记硬背地学习。

实际上，造成学生机械学习的原因有多种，情况复杂，分为三类仅为叙述方便，更多的是提供研究和分析问题的一种方法。

学生机械学习的成分越多，越需要学生加强记忆，停留在记忆水平的学习上。记忆的内容越多，学生学习的难度就越大，从而增加了学习的负担。

### （四）机械学习——面对面

1. 对机械学习实质的分析是否可以看成是学习的理论？（提问 1）
2. 提问 1 是否是分析教材的一种方法？
3. 提问 1 是否是分析教师教学水平的一种方法？
4. 提问 1 是否是分析学生学习水平的一种方法？
5. 提问 1 是否是设计教学方法和指导学生学习方法的基础？
6. 如何降低因学习材料本身造成的机械学习的难度？
7. 如何改变因学生主观因素造成的机械学习？
8. 如何处理阶段性的机械学习的材料？
9. 机械学习最容易出现在学生学习的什么阶段？如何突破学习中的难点？

10. 机械学习会分为若干不同的水平，根据不同的知识，如何区分不同水平较为适宜？

11. 学生学习的技能，会出现机械学习的情况吗？若会出现，表现的形式是什么？如何克服？

12. 机械学习为什么会增加学生学习的负担？

13. 在教与学的过程中，如何尽量减少机械学习的成分？

14. 对机械学习的材料，教师如何指导学生的学习方法？

15. 有意义学习有时会“降为机械学习”，原因是什么？

## 三、有意义学习

学生学习是一个极为复杂的过程。

学生在学习的过程中会遇到各种各样的学习材料。

学生在学习各种各样材料的过程中，会呈现出不同学习的水平。

学生在学习的过程中，常常会出现这种情况，“学生一方面要掌握一整套符号体系，另一方面要掌握符号所代表的事实、概念和原理，其中后者更为重要。……当符号出现，能在学习者的头脑中唤起其所代表的认知内容时，这些符号对于特定的学习者，可以说已经获得了意义。……有意义学习过程的实质，就是符号所代表的新知识与学习者认知结构中已有的知识建立的是非人为的（非任意的）和实质性的（非字面的）联系。”有意义学习是通过符号使学习者在头脑中获得相应的认知内容的学习。例如，教师讲到狗并将狗字呈现在黑板上时，学习者马上能通过符号——狗字唤起学习者头脑中相应的内容，如狗的叫声、狗的长相，等等，这便是有意义学习。又如，当教师讲到化学平衡时，一说起化学平衡这几个字，学生能够想到并能理解微观粒子在化学变化过程中的动态平衡的特征，这便是有意义学习。

### （一）有意义学习的主观条件

1. 学习者必须具有有意义的学习心向。也就是说，学习者有主动地把符号所代表的新知识与学习者认知结构中原有的适当的知识加以联系的倾向性。通俗地说，就是教师让学生想某个问题，学生愿意想。这时我们说学习者具有有意义的学习心向。

2. 学习者认知结构中必须有适当的知识与新知识进行联系。也就是说，当教师让学生想某个问题，学生有知识基础，通过学生对已掌握知识的回忆、联想，新旧知识的联系，新旧知识之间相互发生了作用，旧知识得到改造，新知识获得了意义。

### （二）有意义学习的客观条件

有意义学习的客观条件即所学材料具有逻辑意义。这种逻辑意义指的是材料本身与学生本人实际的学习能力的范围内建立的是非人为的实质性的联系。无意义音节同任何人的认知结构中原有的知识都不能建立非人为的实质性的联系，这种材料没有逻辑意义，这类学习就不符合有意义学习的客观条件。

所谓非人为的联系，就是符号所代表的新知识同学习者原有的有关知识的联系。“七九六十三”这句口诀所代表的意义不能与一个正常的三岁幼儿头脑中的有关知识建立非人为的联系。这是因为三岁幼儿的头脑中没有确切的数的概念，更不清楚加法和乘法的运算，所以他只能死记硬背，硬把“七九六十三”这句话“塞”进脑中，即人为地将其固定在头脑中，也就是建立人为的联系。

所谓实质性的联系，指用不同语言或其他符号表达的同一认知内容的联系。某儿童可以熟练地背出“七九六十三”这句口诀，但是当某人问他，“七个九相加等于多少？九个七相加等于多少？九乘七等于多少？七乘九等于多少？”此儿童却无言以对，根本不知道问的是什么意思。这时我们说“七九六十三”与此儿童的知识建立的是非实质性的联系。因为他不清楚同一内容的不同的表示方法，没有理解“七九六十三”这句口诀所表示的数的运算的实际意义。某学生可以在不同的场合下熟练地应用某一概念，表明这个概念与该生的知识建立的是实质性的联系。

某一符号或一组符号所代表的新观念能否与学习者认知结构中原有的适当的观念建立非人为的实质性的联系，乃是区分有意义学习与机械学习的两条客观标准。

### （三）有意义学习——面对面

1. 有意义学习是学习理论吗？
2. 有意义学习是分析教材的一种方法吗？
3. 有意义学习是设计教学方法的基础与方法吗？
4. 有意义学习是评价教师教学水平与学生学习水平的一种方法吗？
5. 当学习者不具备有意义的学习心向时，教师如何唤起、培养其有意义的学习心向？
6. 当学习者没有能力把所学的新知识与学生头脑中固有的知识相联系时，教师采用什么方法使之能够恰当地、有效地联系？
7. 在有意义学习中，教师如何促进学习者能对有意义学习材料达到非人为的实质性联系的水平？
8. 在有意义学习理论中是否可以体会到：学习理论是第一性的，教学理论是第二性的？
9. 研究学习的理论，是否为研究教学理论、教学方法的设计提供了极为方便的条件？
10. 有人将学习理论看成教与学的过程中“产生方法的方法”，这种观点是否适宜？
11. 如何学习、思考、掌握“产生方法的方法”？
12. 产生方法的方法对培养、提高教师教的能力和学生学的能力有何益处？它是怎样培养提高的？它要求教师和学生学会什么思考方法才能获得更多的益处？
13. 所有的学习理论是否都具有如此之多的功能呢？
14. 由以上若干“思考题”给人们的启示是什么？如何理解理论来源于实践，理论指导实践，理论高于实践是因为它具有一般性的品格？

15. 有意义学习的内容可以减少学生的课业负担吗？

16. 对有意义学习的内容，教师如何教学生学习方法？

17. 有意义学习与知识结构之间有联系吗？良好的知识结构能促进有意义学习的效果吗？

18. 如何利用有意义学习的内容减轻学生过重的课业负担？减轻的方法是促进知识概括吗？

## 四、迁移

平时讲某学生能“举一反三”“触类旁通”“闻一知十”“一通百通”。为什么会出现这种情况呢？有什么理论（道理）可以解释这些现象吗？

### （一）迁移

迁移是一种学习对另一种学习的影响。只要有学习，就存在着迁移。当一种学习对另一种学习起促进作用的时候，这种迁移称为正迁移。如学会汉语拼音的学生很容易掌握英语的国际音标；学会拉二胡的人很容易学会拉小提琴；学会化学中的溶解平衡很容易学会化学平衡；学会平面解析几何，很容易掌握立体解析几何；学会微分，很容易学会积分，这些都是学习中的正迁移现象。

当一种学习对另一种学习起干扰作用的时候，这种迁移称为负迁移。如没有很好掌握汉语拼音的儿童去学习英语字母，使原来掌握的汉语拼音字母变得模糊了，这便是负迁移。又如当学生学习化学平衡时脑子是很清楚的，在学习化学平衡移动时，没有搞清楚浓度、温度、压强是怎样影响平衡移动的，使原来掌握较好的知识（浓度、温度、压强对化学平衡的影响）变得模糊了，不清楚了，这种学习中的干扰现象就是负迁移。

先前的学习对后续学习的影响，称为顺向迁移；后续的学习对先前学习的影响，称为逆向迁移。无论是顺向迁移还是逆向迁移，都有正迁移和负迁移。如何促进教学中的正迁移，防止负迁移，乃是教学中最重要的问题之一，也是教师教学的艺术所在，同时也是提高学生学习效率、提高教学效果、培养学生能力的关键问题。

## （二）迁移的基本理论

### 1. 相同要素说

相同要素说的主要内容是只有当学习情境和迁移测验情境存在共同成分时，一种学习才能影响另一种学习。也就是说，一种学习与另一种学习之间存在相同成分时，才会出现一种学习对另一种学习的影响（只存在迁移的可能性，不一定出现实际的迁移）。例如，在活动 A12345 和活动 B45678 之间，因为有共同成分 4 和 5，这两种活动之间才有可能出现迁移。这种迁移可以是正迁移，也可以是负迁移。正如前面所讲的那样，对熟练掌握汉语拼音的人来讲，学习英语的国际音标就比较容易，很快就会掌握国际音标，这就是一种正迁移的现象。反之就会出现干扰现象，新知识（国际音标）学不好，旧知识（汉语拼音）也搞糊涂了，便出现了负迁移。无论是正迁移还是负迁移的出现，都是因为有共同成分存在。如汉语拼音和国际音标之间，有的字形相同，有的发音相同。

相同的因素可以是内容、习惯、技能、态度、过程、原则、方法和情绪，等等。

### 2. 概括化迁移理论

概括化迁移理论认为：先期学习 A 中获得的知识，所以能迁移到后期的学习 B，是因为在学习 A 时获得了一般原理，这种一般原理可以部分或全部用于 A、B 之中。

贾德曾做过一个有名的实验：

将靶置于水中，学习者自水面上瞄准射击水中之靶（目标）。没有学过光折射原理的学生，常直接对靶射击，不能击中目标，而学过折光原理的学生，能推测靶在水中的正确位置，击中目标的机会增大。

贾德解释说：学生在理论知识的背景上，理解了实际情况以后，就能利用概括了的经验，迅速地解决需要按实际情况做分析和调整的新问题。

在实际的学习中，学习者经常会遇到类似的迁移问题。学生在学习中能不能产生正迁移，要看学习者在原有知识的基础上辨别两个课题之间的关系的能力和与之相应的思维方法。

### （三）迁移的实例与过程

实例 1

学生学习了以下几个数学公式：

（1）$(a+b)^2=a^2+2ab+b^2$

（2）$(a-b)^2=a^2-2ab+b^2$

（3）$a^2-b^2=(a+b)(a-b)$

（4）$(a+b)^3=a^3+3a^2b+3ab^2+b^3$

（5）$(a-b)^3=a^3-3a^2b+3ab^2-b^3$

让学生完成 $(a+b+c)^2=$？这一作业。

完成这一作业迁移的基本过程可由①~⑤表示出来(实际相当复杂)。

①原有的知识[(1)~(5)的公式]是清晰的、稳定的，并能理解其意义和实际应用。

②在原有知识的基础上，感知、思考、辨别新的作业 $(a+b+c)^2=$？与原有知识的关系，经过一系列的检索、思考、联系、概括，学习者认为 $(a+b)^2$ 与 $(a+b+c)^2$ 联系最恰当（这一过程是学习者将原有的知识扩大到具有相同问题的一类事物，是一个概括的过程），此时 $(a+b)^2=a^2+2ab+b^2$ 作为固定点，即为“锚桩”，新知识就停泊在 $(a+b)^2=a^2+2ab+b^2$ 这个固定点上。

③将原有的知识 $(a+b)^2=a^2+2ab+b^2$ 概括到新的作业 $(a+b+c)^2=$？上来，此时新的作业得以改造，成为 $[(a+b)+c]^2=$？最后完成此作业。

④学习者利用已有的知识解决了一个问题，一种学习对另一种学习产生了作用，出现了迁移。

⑤学习者完成了一次知识向能力的转化。这类迁移、概括转化的活动

次数多了，内容不断扩大、加深，智力活动逐渐系统化，渐渐形成稳定的心理特征，此时学习者的知识转化为能力，学生的能力得到了很好的培养。

实例 2

让学生完成以下作业：

把食盐跟浓硫酸加强热，将所生成的氯化氢制成盐酸，再用盐酸与二氧化锰反应，制取氯气，用生成的氯气氧化碘化钾，得到碘 12.7 克，求反应掉的氯化钠的质量（不计反应中的损失）。

此反应涉及三个化学方程式：

$2NaCl+H_2SO_4 = Na_2SO_4+2HCl\uparrow$

$4HCl+MnO_2 = MnCl_2+Cl_2\uparrow+2H_2O$

$Cl_2+2KI = 2KCl+I_2$

A 生利用“反推”的方法，依据化学方程式及有关的关系，完成此题。

B 生依据化学方程式及有关的关系，推出反应物和生成物之间的关系，得到关系式：

$4NaCl \longrightarrow 4HCl \longrightarrow Cl_2 \longrightarrow I_2$

即 $4NaCl \longrightarrow I_2$

根据关系式，完成此题。

A 生和 B 生都完成了作业题，由于二者采用的解题方法不一样，二者的学习效率大不一样，二者的收获也不相同，在遇到与此问题相同或相似的问题时，二者的迁移机会也大不相同。

当 A 生与 B 生遇到如下习题时，即：1 摩尔氨气全部制成硝酸，可得到硝酸多少摩尔？二者解题速度迥然有异。（氨气—$NH_3$、硝酸—$HNO_3$）

A 生觉得此题很不好算，因为根据他以前的经验处理此题很麻烦。

B 生一看便知答案。

B 生之所以能顺利地完成，因为在完成练习一时，获得了一种“传递”的关系，这种关系是对这类知识的一种概括，这种概括在知识结构中处于较高层次，在完成其他练习题时，起到了一种“判据”的作用，利用判据很容易将已有的经验概括到新的练习题上来，从而使问题得以顺利解决。学习的水平不一样，学习效率大不一样。解题方法不一样，学生学习的负担大不一样。体现的是教学水平，体现的是学习水平。

### （四）影响迁移的因素

从迁移的理论和迁移的实例中看出，影响迁移的因素有主观因素和客观因素。

**1. 影响迁移效果的最主要的主观因素**

（1）学习者主动进取的态度。

学习者主动进取的态度包含两方面的内容：

其一，在学习中要开动脑筋、想尽办法去理解应当理解的一切知识。机械学习的内容不会有迁移的价值。

其二，当学习中遇到较为困难的问题时，要有强攻进取的精神，要有必胜的信心与决心，并为之付出艰辛的努力。否则当有迁移的机会出现时也不会出现迁移，因为迁移不是自动出现的。

（2）学习者掌握方法的水平。

学习者学习的内容极为复杂。学习者必须辨别当前的课题与已有知识的关系。在辨别的过程中，必须用到各种不同的思维方法和科学方法，科学方法掌握得好，分析问题的能力较强，就能很好地辨别需要解决的课题与已有经验的关系，就能分析事物之间的同中之异，异中之同，能够抓住事物之间本质的联系，恰当地分析出事物之间的关系，迁移就容易实现。

（3）学习者的知识结构。

学习者知识结构中起固定作用的观念的清晰性、稳定性、可利用性和概括性与能否实现迁移密切相关。如果已有知识的概括水平较高，能反映事物的本质，学习者就能依据这些本质特征去揭露新事物的本质，把新的问题纳入到已有的经验系统中去，顺利实现迁移。

**2. 影响迁移效果的最主要的客观因素**

（1）学习或需要解决问题对象之间的相同因素。

（2）教师的教学方法与学生的迁移有显著的相关。当学习者因某种因素不能辨别当前的课题与已有经验的关系时，教师若能在学生已知与未知之间架起适当的“认知桥梁”，唤起学习者认知结构中的有关知识，组织起适当的“图式”与当前的课题关联起来，迁移则可以顺利实现。教师能否在学生已知与未知之间架起适当的“认知桥梁”，是教学方法，也是教学艺术，是学生能否顺利实现迁移的关键问题，也是能否减轻学生过重课业负担的关键问题。由此可见，掌握学习理论能减轻学生的课业负担。

### （五）促进迁移

根据迁移的基本理论、影响迁移的基本因素和迁移的基本过程，很容易确定促进迁移的基本因素。在教学中教师如何巧妙地促进这些基本因素的识别、形成、组合，则是提高学习效率或提高教学质量的有效途径。

1. 激励与提高学习者的学习动机，点燃学习者内心的“马达”，变“要他学为他要学”，使学习者乐于学习，这永远是学习的内因。

2. 在教学中努力促进知识的概括，使学习者形成良好的知识结构。加强基本概念、基本定理、基本公式的教学。

3. 充分应用比较的方法，区别事物之间的相同点和不同点，认识事物的本质特征，以防止负迁移。

4. 对学习者进行思维方法、科学方法和学习方法的培养，提高他们分析问题的能力。学生的学习能力越强，学生学习的负担越轻。

5. 及时地巩固所学的知识技能，尽量减少并列结合学习和机械学习的成分。

### （六）迁移——面对面

1. 有多少教师能深刻理解迁移的基本理论？有多少教师能应用迁移的理论？

2. 有多少学生知道迁移的基本理论？有多少学生能促进自己知识概括的水平？

3. 学生的迁移水平和教师的教学水平有什么关系？

4. 学生的迁移水平与教师的知识结构和教学方法有什么关系？

5. 学生的迁移水平与学生的知识结构有什么关系？

6. 教师如何利用习题、总复习等方法促进学生的有效迁移？

7. 教材如何改革，才能促进学生较为顺利地实现正迁移，使之能举一反三，具有一定的创新能力？

8. 教师如何利用迁移规律，提高教学的水平，提高学生学习的效率？

9. 在教与学的过程中，教师促进、帮助学生对什么知识进行概括，如何概括，才能有效地促进正迁移的出现？

10. 学生掌握迁移的理论，对其终身学习、可持续发展会起到什么样的作用？

11. 理论高于实践表现在什么地方？

12. 理论具有普遍性的品格，表现在什么地方？

13. 减轻学生过重的课业负担要提高教师教与学的理论水平，这是为什么？

## 五、学习的水平

根据学生掌握和运用知识的情况，将学生学习的水平分为五类。即：

记忆水平的学习；

理解水平的学习；

融会贯通水平的学习；

概括水平的学习；

创新水平的学习。

### （一）记忆水平的学习

记忆水平的学习的主要表现形式是：由于种种原因造成学习者应当理解和掌握的知识，却只能达到一般记忆程度的学习水平的学习。导致学习者处于这一学习水平的原因多种多样，有主观的原因，也有客观的原因。

主要原因：

1. 学生缺乏自我批判的精神，满足于事实的记忆，抓住了知识的表面现象以后，自欺欺人地以为真正掌握了知识的实质。学生的学习动力不足，意志不坚强，不愿为进一步理解所学内容的实质而付出努力。如某些学生可以熟练地背诵某些定义、定理，而用这些定义、定理去处理实际问题时（较为容易的题，甚至用一套定义就可以解决的问题）却束手无策；某些学生可以死套某些公式解题，当问起公式中某些符号的意义时，却目瞪口呆，无言以对。

2. 学生缺乏必要的基础知识来同化新知识，没有能力来理解新知识的意义，使有意义学习变成机械学习或部分机械学习，从而增加了死记硬背的成分，导致学生停留在记忆水平的学习这一层次上。如初中生在学习化合价这一概念时，化合价的定义或某些元素的化合价数值背得很熟，若叫其用自己的语言来解释化合价的定义时，则几乎一个字也说不出来，除了能背诵定义以外，别无他言。

3. 与教师的教学水平有关系。教师的教学水平就是记忆水平的教学。他们讲课的结果，就是要学生记住某些结论性的东西或某些具体的事实，等等，而不注意知识的内在联系。有些教师受到学科知识的限制，不能把道理解释清楚，不能把“为什么”解释明白，学生又没有能力理解其中的道理，为了应付考试，只有死记硬背。

4. 与教师组织的练习题和考试题有关。教师要学生练习或考试的题目大多数为复现的材料，多数题侧重记忆，学生只要靠记忆就可以完成练习或考试获得较好的分数，从而促进了记忆水平的学习。当今，不能不把作业和考试作为刺激学生学习的主要刺激物。作业和考试题的水平在某种程度上控制着学生的学习水平。

5. 与教师的教学语言有关。某教师在上课时对某一问题讲清了“什么”“是什么”和“为什么”的问题，教学大纲也规定了对这一问题所要求达到的水平（如掌握），教师在总结时只要求同学们记住什么就可以了。

同学们听老师讲记住就可以了，从而产生了联想，记住就不必去理解其中的道理，从而也就放弃了对“为什么”的学习，导致学生处在记忆学习的水平上。

6. 与所学材料有关。所学内容本身就是一个固定的事实，没有什么道理需要理解。如 mother 英文表示母亲，这是约定俗成的，没有更多的内容需要理解，也没有什么理由去问个为什么，记住这个固定的事实也就算完成了学习的任务。此外，像《红楼梦》的作者是曹雪芹，等等，都是记忆水平的学习，这是所学材料本身决定的。

7. 所学材料受到学习者所学知识的限制，学生不能理解其中的道理，教学大纲中也不要求学生掌握，学生只能记住某些事实、现象或结论。如初中学生所学的酸溶液可以使紫色的石蕊试液变红就是这种情况。至于酸为什么可以使指示剂变色，只有到分析化学中去学了，对这样的知识，整个中学阶段都是记忆水平的学习。由所学材料限制，学生处在记忆水平的学习。

关于记忆水平的学习又可以分为若干种不同的学习水平，应当批判的是所学材料具有实际意义，学习者应当理解并有能力理解所学材料的意义却不去理解所学材料的实质，满足于记忆，从而导致记忆水平的学习。

记忆水平的学习的最大弊端是不加理解的记忆，会使有意义学习变为机械学习。机械学习的内容不会有迁移的价值，而且大部分知识很快就会从记忆中挥发掉，无法学以致用，不能发展学生的智力、培养学生的能力。增加了记忆的成分，增加了部分学习的难度。

### （二）理解水平的学习

“理解”一词，按《辞海》解释为了解、领会，是揭露事物间的联系而认识新事物的过程。其水平随着揭露联系的性质而异，有揭露事物外部联系的理解，有揭露事物间内在联系的理解。

这里所讲的理解，是根据教学大纲的要求，对所学教材达到了解、领会程度的学习。处在这类学习水平的学生，不但注意了知识的记忆，而且注意了理解，在理解上下了一定的功夫。记忆帮助理解，理解加强记忆，理解减少记忆，少记又促进记忆。与处在记忆水平的学习比较，理解水平的学习所需记忆的材料相对地减少了。

这里所说的理解是处在这样一种水平的理解。例如，某学生可以计算有关化学中转化率的习题，对转化率这个概念所涉及的有关知识全都可以解释，我们说这名学生对转化率这个概念达到了理解的程度。同理，这名学生也可以较为顺利地解决化学中电离度的有关问题，我们说这名学生对电离度这个概念同样也达到了理解的水平。当有人提出这样一个问题，转化率和电离度之间有什么关系时（实际上为同一道理，表达形式完全相同，只是在不同的场合下所用的术语不同而已）却回答不上来。从上面的例子人们会看到，这里所说的理解，仅限于对某个具体知识的理解，学习者对某个具体知识可以回答“是什么”和“为什么”，至于与它相关的有关知识之间的关系，则很少考虑。这时我们说，学生的学习水平是理解水平的学习。

从处在理解水平学习的学生的知识结构来看，其主要表现形式为：知识是单线联系的，学到的知识像书本中的目录一样，是一节一节的，一章一章的，他们很少考虑知识的横向与纵向联系。同一类知识不能安排在一条主线的一左一右，很少能找到同类知识之间的关系。

主要原因：

1. 与学生的非智力因素特别是与学生学习的兴趣、意志有关，学生不愿为进一步理解教材下功夫。

2. 学生缺乏具体的学习方法的指导，不会学习，不知道怎样学习更有效。

3. 与教师的教学水平有关。教师在教学的过程中不能采用种种有效的教学方法把学生“推向”更高级学习的水平。教师教学的水平就是把具体知识“是什么”和“为什么”解释清楚就算完成了教学任务，至于知识之间的关系，如何促进学生知识结构的形成以及如何培养学生抽象、概括的能力则很少顾及。教师的教学水平限制了学生的学习水平，导致学生停留在理解这一学习的水平上。

学生处在理解这一学习的水平上，他们的知识是破碎的，不能形成较为合理的知识结构。由于知识结构的不合理，在原有的知识结构中很少有稳定的、清晰的、较为概括的固定点可以利用，即使有也不能较为顺利地将它们检索出来，并列结合学习的程度增加，从而增加了学习的难度，降低了学习的效率。由于知识结构的不合理，知识缺乏系统化、概括化，因而也就不能概括出最一般的规律，在遇到有迁移的机会出现时，常常不能辨别，解决问题的能力往往受到限制。

### （三）融会贯通水平的学习

融会贯通，按《辞海》解释，是把各方面的知识或道理融会贯穿起来，而得到系统透彻的理解。

处在融会贯通学习水平的学生，在他们的心目中，书本上的知识不是一节一节的、一章一章的、一本书一本书的。也就是说，他们不但要"横着"学习（按章节一节一节地学习），更主要的是"纵着"学习（一类知识一类知识地学习、组织），同一类知识能安排在一条主线的一左一右，并能广泛地联系。

处在这类学习水平的学生，不满足于记忆、理解，其着眼点是要得到较为系统的知识。在学习中能把知识由点连成线，由线织成网，形成一定的知识结构，但组织起来的知识大多数为书本上现成的知识。

处在这类学习水平的学生，有自己的学习方法，善于搜集资料，能对资料进行整理分类，比较归纳，有一定的学习能力。

处在这类学习水平的学生，学习成绩一般较好，能较为灵活地完成一般的习题，但很少能概括出相似问题的一般性规律。

学生的学习停留在这一学习水平而不能再前进一步的主要原因与教师的教学水平有关。教师不清楚将所学的知识在完成系统化之后，还要促进其概括化。概括化的知识才有更大的迁移价值，才能更有效地培养学生的能力，概括化的知识能有效地提高学习效率。

### （四）概括水平的学习

“概括”一词，按《逻辑学辞典》解释，是在思想中把从某些具有若干相同问题的事物中抽象出来的本质问题，扩大到具有这些相同问题的一切事物，从而形成关于这类事物的普遍概念。

处在概括学习水平的学生，常常能在融会贯通水平的基础上，概括出某类事物的共同属性，得出某些规律性的结论。例如，学生做这样一道练习题：“二氧化硫为什么有时可以当还原剂，有时可以当氧化剂？”一些学生常常是这种情况，题解完了，任务完成了，思考也告结束。但处在概括学习水平的学生，他们的学习常常不满足于个别事例的解释，还要进一步思考，二氧化硫为什么既可做氧化剂又可当还原剂？判断某物质既可当氧化剂又可当还原剂有没有特殊的标志？能不能找到判据？当这些问题得到解答时，才算完成了任务。

处在概括学习水平的学生，善于对知识进行比较、分类、总结归纳，有较好的知识结构，常常能看出异中之同，同中之异，抓本质的能力较强。在分析问题时，往往能透过现象看到本质，能抓住问题的关键部分。

在学习中不满足于能解决一些具体的问题，记住一些事实，总想得到一些规律性的结论。学习者往往能从一个或几个事例中推出一类事物的本质问题，注意由例及类的学习，他们的着眼点不仅要会解几道题，更主要的是要找到解决某类问题的普遍规律。

实际上，学生的学习水平与教师的教学水平密切相关。在教师的思想中，是否认识到概括水平在学习中的地位，并为之付出努力，是学生的学习水平能否达到概括水平学习的关键问题。

### （五）创新水平的学习

“创新”一词，可以把它定义为改造或改变已确定的工作、改造或改变固定的方法，或是一个新奇的实践。创新水平的学习，则是学习者在学习上的一种新的见解、新的方法。这种新的见解、新的方法并非他人所未知，但对学习者本人而言，则是一个新的见解、新的方法，或是一个新的实践。如学习者自己独立创造出来的某些公式、独立思考出来的新颖的解题方法等，可称为创新水平的学习。

创新水平的学习，要求学习者要有较好的知识基础和智力品质，有健康的心理素质，有自信心，有百折不挠的精神，有强烈的学习动机和进取心，思维具有敏感性、灵活性、独创性，有独立钻研的精神，有敢于冲破旧的模式和固定思维的框框建立新的方法、思想的勇气和决心。观察能力强，逻辑思维的品质优良。

关于对学习水平的几点说明：

学习的水平不是绝对的，某学生对某些知识的学习处于记忆水平的学习，对另外一些知识的学习可能是理解水平的学习，或是更高层次水平的学习，有时处于二者之间。将学习的水平分为五级纯属是为了叙述方便，这里主要是提供一种分析问题的方法。

学习的水平不一定要逐级上升。平时教师分析学生处在哪一级学习的水平，只是对学生学习水平的总体评价。

教师应当根据教材适时、适量、适当地提高学习的水平，应当重视概括水平和创新水平的教学。

学习水平对教学的启示：

学生的学习水平与教师的教学水平有关，从某种意义上说，学生的五级学习水平体现着教师的教学水平。教师为教学的主体，学生是学习的主体，学生的学习表现常常可以看成是教师教学水平的一面镜子。可以把五级学习水平“翻译”成五级教学水平。这五级教学水平是评价教学的另一标准，为评价教师的教学开辟了一条新的途径。从某种意义上说，这五级学习水平也是分析教材的又一种方法。

通过对学习水平的分析可知：

1. 学习水平是指导学习的方法；

2. 学习水平是指导教学的方法；

3. 学习水平可以看成是教学水平的一种分类形式；

4. 学习水平是对学习评价的一种方法；

5. 学习水平是评价课堂教学的一种方法；

6. 学习水平是分析教材的一种方法；

7. 学习水平是指导编写教材的一种方法；

8. 学习水平是评价论文、观点的一种方法；

9. 学习水平是指导教师撰写论文的一种方法；

10. 学习水平是指导教材改革的一种方法；

11. 学习水平是学习理论；

12. 学习水平是教学理论。

通过对以上的分析，人们又可以看到：

1. 一种理论常常是产生方法的方法，产生智慧的智慧，常常有使人一通百通的作用。

2. 一种理论常常是“望远镜”，它使人高瞻远瞩；一种理论常常是“显微镜”，它使人见微知著；一种理论常常是“广角镜”，它使人开阔视野。

3. 一种理论常常具有穿透力、预见力、判断力、诊断力和提高人们工作水平的能力。

4. 一种理论常常为教师的工作定方向、定目标、定任务、定措施、定方法、定程序。

5. 对一种理论的应用，是对理论真正的理解与掌握的表现形式。理解得越透彻，掌握得越全面，理论指导教学实践的范围越广，提高教师的教学能力的速度越快，提高学习水平的速度越快。

### （六）学习的水平——面对面

1. 学习的水平可以看成是一种学习理论吗？为什么？

2. 学习的水平如何指导学与教？如何评价学与教？学习的水平是否为评价学与教开辟了一条新的思路？

3. 如何利用学习的水平提高学与教的水平？

4. 如何理解“学习的水平”是产生方法的方法？

5. 为什么说概括水平的学习处于较高水平？在学与教的过程中，如何促进概括？

6. 如何提高学生的概括能力？它与学生的知识结构有什么关系？它们是如何相互影响的？

7. 如何从学生学习的水平来评价教师的教学水平？

8. 若按五级教学水平来评价教师的教学水平，教师的教学水平是如何分布的？

9. 若按五级学习水平来评价学生的学习水平，学生的学习水平是如何分布的？

10. 为提高教师的教学水平，如何制订教学的评价量表？如何推动教学的改革？如何推动教材的改革？

11. 如何设计实验，检测、研究学习的水平对推动教师发展的贡献？

12. 如何设计实验，检测、研究学习的水平对推动学生发展的贡献？

13. 根据我国的教育实际，如何开展教学实验？

14. 学习水平是“产生方法的方法”，表现在何处？

15. 对任何事物的研究是否都可采用“切片法”？

16. 推动学生提高学习水平，可以减轻学生过重的课业负担吗？

17. 如何利用学习的水平，减轻学生课业负担？

18. 研究学习的水平，采用了“切片法”，利用“切片法”能减轻学生过重的课业负担吗？

## 六、有效练习的条件

### （一）心理试验实例及试验结果

试验：将被试者蒙上眼睛，练习画 4 寸长的线段。在练习期间没有任何人向被试者提供关于他练习的任何信息（画得长、画得短等），练习三千次。练习的结果是第一次练习的成绩与最后一次练习的成绩相比没有进步。

### （二）对试验过程的分析

1. 个人独立作业，不受其他任何因素的干扰，个人能力（操作水平）与结果成正比。

2. 在操作的过程中，操作者无法获得任何反馈信息。

3. 操作简单，无知识和技能障碍。

4. 操作者在操作的过程中，无法判断个人的行为正确与否。

5. 是一次过度练习。

### （三）影响被试成绩的原因

被试者尽管练习了三千次之多，但练习的成绩（画 4 寸长线段的准确性）没有任何进步（即使画准确了，也是不可巩固的成绩）的原因是：根据此练习的类型，被试者欲提高成绩，必须及时知晓（或可以独立判断）自己行为的正确与否，并能根据正确的操作修正自己的行为，但是这一条件不能满足（且无其他途径可以替代），因此练习是无效的。很可能会出现第一次练习的成绩要比第三千次练习的成绩更优，是因为第一次练习精力更充沛，更用心，没有不耐烦和急躁的情绪。

### （四）试验给教者带来的启示

1. 某个练习，当学习者不能判断自己的行为（练习的结果）对与错时，教者应当想尽办法，使学习者尽早获得其练习的结果，及时改正练习中出现的错误，这样可以提高练习的效果。若练习产生的错误的操作或思想不能及时地得到纠正，这种错误的操作或思想会指导、影响后续的练习，这种练习不仅不会收到正面练习的效果，反而会使错误的操作或思想得到强化，给改正错误带来困难。

如某学生在考大学之前曾做了大量的练习题，但是由于种种原因其不知道自己练习的结果（习题做得对还是不对），结果在高考时仍然没有把握，也很难准确估计自己的成绩。

2. 当教师无力批改作业时，应采取有效的方法，灵活机动地促进学生“自判”作业，以及时强化正确的思想，纠正错误的思想。验算常常是使学习者自获反馈信息的有效途径，同时也是促进学习者加深理解题意的有效方法。

3. 当学习者在练习同一类型的习题时，第一题的解题思路与方法在解此类题中占有极为重要的地位。教师要想方设法确保学生在绝对正确的情况下完成第一题。否则，依照第一题的思路去思考同一类型的其他习题，在错误思想的指导下，有一错到底的可能。若出现这种情况，错误的思想得到强化，给改正错误带来了很大的困难。

4. 精选精留作业，向学生及时反馈作业信息，是提高作业效率的有效方法之一。

5. 大批的、过量的、学生又不能及时获得反馈信息的作业，常常是无效的作业，是加重学生过重课业负担的具体表现形式。

6. 减轻学生过重的课业负担，与教师不能科学利用作业密切相关，错误地认为越多越好。练习不做无用功是教师教学水平的具体表现。

### （五）有效练习的条件——面对面

1. 练习的理论、学习的理论从何而来？

2. 为研究教学的理论，为什么要研究学习的理论？道理在什么地方？

3. 学习的理论常常是产生教学理论的基础和方法，有无道理，为什么？

4. 如何分析心理学的任一个实验，怎么分析，分析什么最有效？

5. 成功与条件之间的关系，失败与条件之间的关系，找得越准，成功的机会越大，如何确定成功的条件？

6. 如何抽象、概括心理实验中的原理？

7. 教者如何创造一个心理学实验？

8. 研究教育学要很好地研究心理学和脑科学，这种观点是否有道理？为什么？

9. 由实验提示，教师给学生留作业如何体现科学性？是越多越好吗？

10. 为提高练习的效率，目前给学生留作业的问题在什么地方？

11. 从实验中可以看出，如何利用作业既起到巩固所学内容的作用，又能减轻学生过重的课业负担？

12. 学生过重的课业负担是怎么形成的？“过多的作业又是无用的作业”，如何避免？

13. 如何有效促进作业的质量效益？

14. 过重的课业负担来自于单纯大量重复而又不知自己行为的对错，对吗？

15. 如何找到学生练习的最恰当的题量？

## 七、练习

学习必然要练习。如何使练习最有效，使用的时间和精力少，这是教师与学生最关心的问题之一。

### （一）练习的分配

练习的分配指同一内容或相似的内容各次练习之间安排的间歇时间。若练习在一段时间内是连续地进行，称这种练习为集中练习；若在各次练习之间安排一定的间隔时间，称这样的练习为分配练习。

实验证明，分配练习在学习与保持两方面的效果都优于集中练习。分配练习既有利于机械学习的内容，也有利于有意义学习的内容，但对机械学习的效果更好。分配练习对长期保持较为有利。集中练习对有意义学习材料的短期保持有利。所以，在临考前突击复习已理解的被遗忘的知识，有时可以应付考试，即所谓的“临阵磨枪，不快也光”。

在以上大量的实验基础上得出的结论可知：

对一个练习的内容，是集中练习还是分配练习，完全取决于学习者掌握学习内容的学习水平（机械学习还是有意义学习）。分配练习的效果对能力较低的学习者或内容较多并且是机械学习的知识更好。在练习中如何进行分配，练习的时间间隔多长为宜，分配几次练习为好，教师应指导学生根据学习的实际情况酌情而定，不宜千篇一律，千人一法。

为什么分配练习的效果在有意义材料中不及在机械材料的学习中显著，其主要原因可能是在练习间歇期有意义的材料遗忘少，复习缺乏责任心或时而还有马虎的现象出现，因而对随后练习的促进作用也小。

### （二）单纯重复和重复与回忆相结合

有科学家曾以数百名小学生为被试者，分别用三个字母组成的无意义音节和短小的传记为学习材料，要求被试者熟记这些材料。实验分成几个等组，各组的全部学习时间相同，但用于阅读和回忆的时间比率不同。当学生在阅读时，实验者要求被试的学生不要朝学习材料之外看，不要闭上眼睛考虑是否能背出来。当出现回忆的信号时，学生进行试背。没有必要时，他们不能看书，实验结束，立即进行测验，四小时之后进行重测。得到的结果是：部分时间用于回忆比单纯重复的效果好，且部分时间用于回忆，对无意义材料的学习效果非常显著，回忆时间占全部学习时间之比从 0.2 增加到 0.8，学习的效果也递增。这一方法用于有意义材料的学习中，效果却没有无意义材料的学习效果显著。

对机械学习的材料，重复与回忆相结合优于单纯重复的原因是：

1. 边练习（如背诵外语单词），边回忆，这样可以增强责任心，提高注意力，减少在学习时分心的机会，有效地利用了时间，提高了单位时间的用脑效率，增加了努力学习的程度。

2. 边练习，边回忆，学习者可以及时地获得反馈信息，明确了已经掌握了哪些内容，在哪些方面尚存在错误，从而学习者会集中精力练习自己尚未学会的知识，避免了不必要的重复，达到合理有效地利用时间。

3. 能回忆起来的知识，常常是记忆较好的知识，这样可以及时检验记忆的效果，以激发学习动机。好的记忆效果，会给人带来喜悦的心情，这种喜悦的心情是一种内在的奖励，这种奖励会激励学习者努力学习，增进记忆的效果。

### （三）构成与选择

在练习时，学习者写出或讲出问题的答案，称这种反应为构成反应；学习者在多种答案中选择一个或几个正确答案，称这种反应为选择反应。

构成反应（如论述题）和选择反应（如选择题）对检查学习者的知识和技能以及在培养学习者的能力方面各有利弊。

根据现有的研究表明：

“在有意义学习中，选择反应有利于培养学生的辨别、分化能力，而构成反应需要花费更多的学习时间和更大的努力。两种反应各有优点，它们的效果相互抵消，因此其学习效果无显著的差异。”

构成反应有利于培养学生的表达能力和创造能力，能较好地检查学生系统掌握知识的程度，能较好地检查学生的综合能力。

选择反应有利于培养学生的辨别和分化能力，能大面积地检查学生掌握知识的情况。

由以上分析可以看出：

选择反应和构成反应对培养学生的能力和巩固所学的知识各有利弊。教者在给学生配备练习题时应当兼顾，不可偏废。

### （四）外显反应与内隐反应

外显反应指可观察或可留下观察记录的反应，如出声朗读、写出问题的答案或选择问题的答案等。内隐反应则与外显反应相反，如默读、听、想、在头脑中回答问题等，都属于内隐反应。

一般说来，外显反应参与的感官较多，但较费时；内隐反应参与的感官较少，但较为节约时间。

学生在学习中，某些学习任务必须做出外显反应才能顺利完成，如朗读外语、实验操作、写字、作文、技能的形成等。在这种情况下，教师必须想方设法让学生做出外显反应，否则就不能完成学习任务，这是因为外显反应本身常常是学习目的的一部分内容。

在机械学习中，外显反应的学习效果优于内隐反应的学习效果。

在实际教学中，教师指导学生“练什么、怎么练”（练习的题量、练习的时间、练习的次数、练习的时间间隔、练习的反应形式，等等），是教学的艺术，也是教学的方法，是练习、巧练时应当考虑的几个关键问题。

教师在安排学生做练习题时，应当讲究科学的练习方法，即有效的练习方法。科学的练习方法是有效率的练习方法，教师不顾主客观事实，认为多练就能提高学习成绩，这是增加学生过重课业负担的重要方面。提倡教师安排学生科学地练习，因学习水平的不同而实施差异化练习，是减轻学生学习负担的一种方法。

教师能否科学地安排学生的练习，是对教师练习理论掌握水平的考验，也是对责任心的考验。

从目前的教与学的状况看，科学的练习是减轻学生过重课业负担值得推广的方法。

### （五）练习——面对面

1. 有多少初中学生能掌握练习的方法？

2. 有多少小学教师能掌握练习的方法？

3. 有关人员是否在引导、指导、培养、要求教师掌握练习理论，在理论的指导下提高练习的效益？

4. 练习理论是学习理论的一部分，也可以看成是学习方法的一部分，在教与学的过程中，如何将这种学习方法渗透于学生学习的过程之中，使之终身受益？

5. 如何指导学生结合自己的学习，做有效练习的实验？

6. 教师如何根据不同类型学生的学习，做有效练习的实验？

7. 如何利用教材培养学生科学的练习方法？

8. 如何改革教材？改革教材的编写是否应当涉及学习的理论？

9. 学生学习的方法、练习的方法等，在各科教材中应当如何互相衔接、逐步深化、稳步提高？这些内容应当是教材改革的内容吗？

10. 教材如何改革才能为减轻学生过重的课业负担助力？

11. 教材的改革，仅限于内容吗？教材如何指导学生科学地练习？

12. 教材的改革应当为教育目的服务，应当体现在何处？目前的教材体现得充分吗？

13. 如何向练习要减轻学生过重课业的效益？如何科学有效地布置练习的作业？什么是最优化的练习？

## 八、早复习、晚复习、恰当复习

学生在学习新知识之后，必须进行复习，若不复习，就会遗忘有关学习的内容。这是规律，人人都得遵循。

众所周知，遗忘的速度先快后慢。在识记后的短时间内，遗忘进行得较快，遗忘得最多。随着时间的推移，遗忘进行得比较缓慢了，这就是对遗忘的速度先快后慢的简要解释。

根据遗忘的规律，不同的学者主张不同的复习方法。

### （一）早复习

根据遗忘的特点，一些学者主张早复习，即在遗忘速度最快的时候就开始复习，这样复习可以“截获”最多的知识。有事实说明，早复习对于无意义的材料、机械学习的材料，有比较显著的效果。

### （二）晚复习

有些学者主张晚复习。晚复习即所学材料在出现显著的遗忘以后再复习，一些学者主张在有意义学习时可以使用此种方法。提出这种复习方法的主要理由是：学习者要找到遗忘原因，为什么会出现这种情况，以便在今后的学习中加以重视，以减少损失；在知识出现遗忘后再复习，会增加复习的责任心，提高复习时的注意力，从而提高复习的效率。

笔者主张，要慎用晚复习，能不能应用晚复习的关键在于能否收到"免疫效应"和"效率效应"，当不能收到这两种效应或在这两种效应极低的情况下，最好不要使用。在有其他原因时，即使有"免疫效应"和"效率效应"，客观条件不允许使用这种方法，最好酌情考虑。

### （三）恰当复习

**1. 恰当复习的基础**

（1）遗忘的规律；

（2）学习者掌握的所学材料的实际意义；

（3）学习者所学材料的学习水平；

（4）个人的学习方法；

（5）个人的学习习惯、学习环境；

（6）个人的责任心，对学习所追求的目标；

（7）个人的智力水平。

总之，一个人在学习新知识以后，为了防止遗忘，必须进行复习，不复习就会遗忘，这是规律。究竟如何复习，怎么复习，在什么情况下再复习，要因人、因学习的水平和学习的类型而异。

恰当复习指学习者根据知识基础选择自己复习效率最高的复习方法。恰当复习不是一个固定的复习模式，而是一种指导复习的思想。

**2. 提倡恰当复习的原因**

（1）学习者学习的材料是不一样的，有的学习材料可以与学习者头脑中的有关知识建立非人为的实质性的联系，实现有意义学习，学习者本人的学习可以满足这一条件，达到了这样水平的学习，一般说来，这样的学习材料可以间隔较长一段时间（相对而言）进行复习。学习者所学的材料不能与学习者头脑中的有关知识建立非人为的实质性的联系，只能是人为非实质性的联系，学生只能达到这一学习水平，类似于机械学习，在这样的情况下，复习的间隔就要短一些。无论学习材料的实际状况如何，完全取决于学习者的学习水平，掌握知识实质的水平和性质，从而决定复习间隔的长短。

（2）即使是同班学生所学的同一材料，有的学生是有意义学习的水平（理解水平的学习），有的学生是机械学习的水平。由于学习的水平不一样，从而决定其复习间隔的时间是不一样的，这一复习的间隔完全取决于所学知识的实际水平。

（3）即使是同班学生所学的同一材料，有的学生可以把所学的知识与原有的知识组织起很好的知识结构，由于知识结构的形成，使所学的知识“镶嵌”在知识结构适当位置，这样可以使所学的知识遗忘的速度慢一些；即使有些遗忘或完全遗忘，但学习者可以“按图索骥”，引起联想，引起恰当的回忆，在这样的情况下，复习的间隔可以适当延长一些。若有的学生所学习的知识在头脑中没有形成恰当的知识结构，学习者所学的知识在头脑中是“单摆浮搁”的，没有相关的恰当的知识与之相关联。在这样的情况下，不容易甚至不可能在适当的时候引起联想，引起恰当的回忆，这样知识的遗忘速度会快一些，在这样的情况下，复习的间隔时间就要短一些。

（4）即使是同班学生所学的同一材料，由于每个学生的智力水平、记忆能力、理解能力等是不一样的，在各种能力不一样的情况下，要求学生都用间隔相同的时间复习所学的知识，显然也是不客观的。

（5）即使是同班学生所学的同一材料，由于家境不一样，他们在家庭中所承担的角色不一样，他们的生活习惯以及学习所允许的时间是不一样的，总之，学生的学习条件不一样，都要求他们用同一方法去学习同一材料，显然也是不客观的。

### （四）早复习、晚复习、恰当复习——面对面

1. 遗忘的规律如何影响复习？

2. 由遗忘的规律提出早复习、晚复习、恰当复习，是否有必要？为什么？

3. 恰当复习中的恰当是什么含义？如何做到恰当？

4. 提出恰当复习给人们的启示是什么？如何理解复习规律？如何应用复习规律？人们应当如何对待规律？可否得到对待规律的规律呢？

5. 在教与学的过程中，能自觉有效利用遗忘的规律指导教与学的教师与学生的比例有多大？说明了什么问题？

6. 不顾科学复习的规律，只是让学生天天做题，机械重复那些“磨盘式”毫无新意的习题，是增加学生过重课业负担的一个重要原因吗？

7. 如何指导不同学习水平的学生进行科学有效率的复习？

## 九、为学习方法建立定理

学生非常关心的问题之一是怎样学习更有效。这就涉及学习方法的问题。

良好的学习方法能使天赋的才能更好地发挥，而拙劣的方法必然阻碍才能的发挥。

学生在校学习所获得的知识量可以比喻为其挖土的体积。A 生用手挖了四年土，B 生用铁锹挖了四年土，C 生掌握了挖土机技术，用机械挖了四年土。显而易见，他们挖土的体积相差甚大。为什么会相差如此悬殊？就是因为他们使用的工具不同，或者说他们的工作方法不同。方法不同，效率大不相同。由此可以想到，学习方法不同的学生，他们学习的效率也是不相同的，选择与掌握学习方法对学生来说是非常重要的事，那么在选择学习方法时应注意哪些基本要求呢？

学习是极为复杂的现象，目前尚不能用一种学习理论或一种学习模式来解释各种各样的学习现象。

学习受到学习者自身因素和学习情境等因素的影响，学习者自身因素千差万别，学习情境变化多样，影响学习因素之间的关系错综复杂，从而导致学习方法必定是灵活多样的。任何人企图用一种万能的学习方法去学习千变万化的学习内容，是办不到的。

任何人办任何事情总要自觉或不自觉地使用一些方法。方法正确，才会收到事半功倍的效果。学习也不例外，只有方法正确，只有选择在相对条件下的最优的学习方法，才能花费较少的时间与精力，获得较好的学习效果。一名教师，不但能很好地讲授所教的课程，而且能极为熟练地介绍学习本课程的各种各样的学习方法，这不是对教师的苛求，这应当是教师职业的一部分。作为一名学生，除了他所学的书本知识以外，也应当能滔滔不绝地讲出他经常使用的行之有效的学习方法。学习方法是他学习的工具，也应当是他“职业”的一部分内容。

功=功率×时间。时间对任何人来说，都是一个常数，要想多做功，只有提高功率。要提高功率，必须改进工作方法。一般说来，教师为指导学生而选择学习方法时至少应考虑以下诸方面的要求：

1. 符合认识的规律；

2. 符合个性的特点；

3. 符合学科的特点；

4. 符合教师教学的特点；

5. 学习环境允许使用的学习方法。

学习者在学习的时候，一定要讲究学习方法。找到学习方法中的“挖土机”，找到提高学习效率的“加速器”。从另外的角度看，教者在研究、介绍学习方法的时候，有三个问题应给予足够的重视：

1. 学习者在学习的时候，必定要用脑，只有脑子好用，才能提高学习效率，因此在学习中要注意科学用脑。

2. 在研究学习方法的时候，要注意学习理论、脑科学、心理学的指导。

3. 学习是极为复杂的心理活动，影响学习的因素在不断地变化，不能强求学生使用某种学习方法。教者只能因势利导，使学习者能扬长避短，或扬长补短，发挥自身的优势。

### （一）对学习方法的基本认识

1. 传授学生学习方法是教师职责的一部分，是学生应当学习并掌握的重要内容。

2. 传授学生学习方法是提高教师教学水平的一种方法。

3. 传授学生学习方法是提高学生学习水平的一种方法。

4. 学习方法是教师知识结构中的重要组成部分。

5. 学习方法是学生知识结构中的重要组成部分。

6. 传授学生学习方法是教师教学水平的显著特征之一，教学成功因素之一。

7. 传授学生学习方法是授之以“渔”的显著标志，可以使学生终身受益。

8. 不同的学习内容有不同的学习方法，不同的学生有不同的学习方法，在学习中要追求最优化的学习方法、效率高的学习方法。

9. 学习方法不完全等同于科学方法，但科学方法应当成为学生重要的学习方法，科学方法应当成为学生分析、利用学习方法的方法。

10. 传授学生学习方法应当是重要的教学目的，也是学生学习的重要目的。

### （二）为学习方法建立定理

定理一

学习有法，但无定法；搞好学习，贵在得法。

“学习有法”可以粗略地解释为：

学习是有方法可以遵循的，是有方法可以参考的；

任何人学习必定用一定的方法；

学习方法是客观存在的。

“但无定法”可以粗略地解释为：

A 生可以使用甲种方法学习，B 生可以使用甲种也可以使用乙种方法学习；

学习 a 可以用 A 种学习方法，学习 b 可以用 B 种学习方法，也可以交叉使用；

不同的学生学习同一科目可以用各种不同的学习方法。

“搞好学习，贵在得法”可以粗略地解释为：

欲把学习搞好，关键在于选择并掌握适合个人特点的学习方法。

“学习有法，但无定法；搞好学习，贵在得法”能够成立的原因是：

每一个人的知识基础是不一样的；

每一个人的知识结构是不一样的；

每一个人的学习水平是不一样的；

每一个人的智力水平是不一样的；

每一个人的用脑类型是不一样的；

每一个人的学习兴趣是不一样的；

每一个人的身体素质是不一样的；

每一个人的生活习惯是不一样的；

每一个人的生活水平是不一样的，生活条件是不一样的，学习环境是不一样的；

每一个人掌握学习方法，应用学习方法的水平是不一样的；

每一个人的学习能力是不一样的；

每一个人的自信心、不屈不挠的精神、克服困难的勇气是不一样的。

总之，每一个人学习的主观条件和客观条件是不一样的，学习者要根据自己学习的主客观条件来选择最适合自己的学习方法，才是最实在最有效的学习方法，是学生自己给自己减轻学习负担的好方法。

定理二

A 生使用的学习方法对 B 生而言，不能原封不动地“原版复制”。

这是因为：

A 生与 B 生的智力水平不一样，对知识理解的程度不一样，对同一知识学习的水平不一样，学习所属的类型不一样，A 生与 B 生的心理特征、身体特征不一样，生活习惯、用脑习惯不一样，知识结构不一样，掌握学习方法的方法不一样……“原版复制”即 A 生怎样学，B 生也怎样学，A 生起早念外语，B 生也起早念外语，A 生念五遍可以记住一个单词，B 生也念五遍，A 生七天复习一次，B 生也七天复习一次……这种机械地学习其他学生的学习方法，是绝对不可取的。

在若干个不一样的情况下，要用同样的学习方法机械学习，绝对不会有好的学习效果。

学生要深刻理解选择学习方法的道理，在熟悉每种学习方法适用学习情境的情况下，选择最适合自己特点、学习效率最高的学习方法，这应当是选择学习方法的基本原则。

### （三）为学习方法建立定理——面对面

1. 根据功=功率×时间，减轻学生过重课业负担，只能提高功率吗？

2. 在教与学的过程中，如何提高功率？

3. 提高功率是减轻学生过重课业负担的有效方法吗？问题的关键是如何提高功率？

4. 教师如何为提高教与学中的功率努力？

5. 可以为学习方法建立定理吗？

6. 书中介绍两个学习方法定理能成立吗？如何进一步加以论证？

7. 为学习方法建立定理的意义何在？

8. 万能的学习方法是没有的。可以作为一个学习方法的定理吗？做一个推论可以吗？

9. 教师有了“定理、推论”，为教师改革教学方法提供了怎样的依据？

## 十、学习方法

学习方法是学生学习的工具。

学习工具越好用，学习的效率越高。

学生学习的内容各式各样，广泛而复杂，会遇到各种各样学习的内容，各种各样学习的内容各有特点，因此要用各种各样的学习方法去应对各种各样的学习内容。如同工人师傅要制造各种各样的零件，需要各种不同的工具一样。

学生学习同样内容的知识，也不一定用同样的学习方法。只有适合个人特点的、针对所学内容有效的学习方法，才能提高个人的学习效率。

有效的学习方法是什么？

一般说来，针对个人有效的学习方法常常指：

1. 减少学习时间，节约学习精力，简化学习步骤，减少记忆成分，强化记忆。加强理解，减少干扰。

例如：氧化物、酸、碱、盐之间的反应条件，分别记起来很麻烦，学生学习很头痛，摸不着头脑。在初中学习化学的范围内，只要记住 5 个字就可以，这 5 个字是“全溶除去酸”。四种物质两两反应，只有和酸反应不必考虑另一种反应物是否可以溶于水，其余两两反应必须全溶。

5 个字给学习者学习带来了极为方便的条件，快刀斩了乱麻，提高了学习效率，减轻了学习担负，学生可以终生不忘。

2. 减少学习的“数量”。

推动学生举一反三、闻一知十、由例及类、触类旁通、一通百通的学习是减少学习数量的有效方法。

学生只需学透一个实例，就可以掌握这一类知识。简化学习，提高学习效率。

如高中化学学习二氧化硫（$SO_2$），在化学反应中其既可当氧化剂，又可当还原剂。为什么可以当“二剂”？是因为二氧化硫中的硫元素的化合价在反应中既可升高又可降低。结论：在化学反应中只要有一种元素的化合价既可升高，又可以降低，此物质在化学反应中，就可以既当还原剂，又可当氧化剂。这一句话就可以当“判据”，用它评判某物质在反应中是否有“二剂”性质。

由此实例看出，它是减数量学习的一种方法，自然也会起到减轻学生过重课业负担的作用。这种学习方法既是减量学习法，又是增量学习法，因为学会由例及类的学习。

3. 减少学习的“重量”。

如概括水平的学习，就是减轻“重量”的一种学习。

概括水平的学习，是在众多知识的基础上，得出一类事物的共同属性。先前学习的众多的个例知识都可以忘记，起到“消减知识量”的作用，理解并记住概括性的结论即可。这一概括的结论又可推广到同类事物之中，在不学习类似知识的情况下，又“增加知识量”。概括水平的学习，是典型的减量中又增量的学习，是减轻学生过重课业负担的学习。

初中学习 $(a+b)^2=a^2+2ab+b^2$

$(a-b)^2=a^2-2ab+b^2$

$(a+b)^3=a^3+3a^2b+3ab^2+b^3$

$(a-b)^3=a^3-3a^2b+3ab^2-b^3$

$a^2-b^2=(a+b)(a-b)$

这些公式，是概括性的知识。让学生完成 $(a+b+c)^3=?$

学生利用原有公式将其改造为$[(a+b)+c]^3=?$

此时问题解决了。今后遇到所有类似这样结构的题目皆可以进行类似的方法改造，改造的方法是将欲完成的题目向公式的构造式转化，这一学习方法可以解决类似的所有题目。

利用这一方法，减少了今后要解决的所有问题，削减了知识量，又削减了学习的“重量”。实际是在削减中扩大，提高了学习效率。

学生学到学习方法，它既是“减数量”的学习，又是“减重量”的学习。它既是缩短知识链的学习，又是延长知识链的学习。“在缩短中延长，又在延长中缩短”。

利用学习方法，做到“减数量”“减重量”的学习；利用学习方法，做到延长知识链的学习，又做到缩短知识链的学习。

在学习中做到：“减数量，减重量、延长与缩短”的学习，是人们渴望找到的学习方法，也是最受欢迎的学习方法。

教师如何推动与启发学生能做到“在减量中增量，在缩短中延长”的学习，是减轻学生过重课业负担的好方法。

任何学习方法都不是孤立的，应当相互借鉴，灵活应用学习方法，以达到减“二量”的目的。

## （一）从科学用脑的角度谈学习方法

### 1. 富氧学习法

1986 年冬天，笔者曾在北方的一个中等城市调查中发现，按规定能容纳 50 名学生上课的教室（暖气供热）却有 103 人在那里学习。在上课途中，突然有 3 名学生昏过去了，还有若干名学生感到恶心、头晕、昏沉沉的，脑子不清楚。这是什么原因呢？

人脑的质量大约为人体总质量的 2%，质量虽小，耗氧量却很大。脑细胞在工作时，大约要消耗体内氧气的 20%～25%。可见学生在学习时要消耗大量的氧气。当氧气缺乏时，“碳水化合物不能充分燃烧”，能量供应不足，脑组织缺氧，从而使人感到困倦、脑子不好用、头痛等，身体不好的学生可能会昏倒。前面举的例子便属于这种情况。

很多学生学习很刻苦，求知欲很强烈，很讲究学习方法，就是在学习中没有注意保持学习环境新鲜空气——“富氧”的输入，导致学习效率不高，影响学习效果，实在是太可惜了。

### 2. 文理相间学习法

有的学生在学习时，常常采用这样一种学习方法，在脑子最好用的时候，学习理科，当感到脑子有些累的时候，学习文科，这样文科内容和理科内容相间地进行学习，称这样的学习方法为文理相间学习法。采用这种学习方法，学习的时间比学习单科一般来说可坚持较长时间，记忆也比较清晰。这是为什么呢？

人脑是非常复杂的，到目前为止，有很多问题并没有定论，但有些问题日趋明朗。大脑皮层中机能相同的细胞聚集在一起，成为各种感觉中枢和运动中枢，它们是执行某一机能的核心部分，而其他皮层区域也分散有类似机能的皮层细胞，在核心部分受到损伤后能起一定的代偿作用。大脑皮层中还分布一些缓能联合区，其面积很大，约占全皮层的4/5，主要在各个中枢之间起联合作用，是最高级的皮层区域。大脑皮层中各种细胞在机能上既分工又联合，交织构成统一的皮层网络系统。学习是相当复杂的心理活动，当学生在学习理科时，脑中枢系统要“组织”各协同工作区一道工作，在复杂的系统中，其中每个区保证在实现复杂心理过程中起到自己的作用，使这样的一个协同工作区处于兴奋状态（工作状态）。当学生学习文科时，脑中枢又要组织与之相应的协同工作区一道工作。学习内容的不同导致协同工作区的变换，使人脑部分工作，部分休息，从而使人能坚持较长时间的学习。文理相间学习，既充分利用了时间，又做到合理用脑，达到了提高学习效率的目的。

若学生单纯学习理科或单纯学习文科时，由于所学的内容比较接近，常常会出现干扰，也就是心理学上所说的前摄抑制或倒摄抑制，这两种抑制在识记无意义材料时尤为突出，使原来记忆较清晰的内容变得模糊了，“串笼子”了，降低了学习的效果。

采用文理相间的学习方法，一是合理用脑，提高用脑效率；二是减少两种抑制，从而提高学习效率。

**3. 逐渐加难学习法**

人们会看到，刚刚开动的载满货物的大汽车，不可能一下子开得很快，只能逐渐加快。这是惯性的原因。人们经过一段时间休息，在刚刚开始工作的时候，大脑的工作效率较低，这也是神经细胞、肌体的其他组织都有惯性的原因，需要工作一段时间来克服。根据人们的这种生理情况，在开始用脑的时候，可以先复习已学过的知识或学些比较简单的知识，使脑子充分“预热”“润滑”，在脑子“开足马力”的时候，去解决一些较难的问题，常常可以节约很多时间，从而提高学习效率。

#### 4. 使用脑习惯符合于学习环境的用脑规律

每个人的思维效率在一天的各段时间里是不一样的。有的人在晚上精力充沛、思维活跃，学习效率大大超过白天的学习效率，称具有这种工作特性的人脑的类型为“猫头鹰型”。有的人在清晨和上午精神焕发、朝气蓬勃，记忆和学习效率高于其他时间，特别是到了晚上，大脑的工作效率明显降低，称具有这种工作特性的人脑的类型为“百灵鸟型”。不具有上述特征，全天用脑效率都差不多的人脑类型为一般型。学生在学校上课绝大部分时间都在白天，这样的学习环境要求学生的用脑习惯符合于学习环境的用脑规律。有的学生很担心地问：我的脑子只有到了晚上才好用，白天在课堂上学习的效率一点也不高，用脑类型能不能改变呢？经多人的实践证明，用脑的规律是可以逐渐调节的。调节的基本方法是：在应该积极用脑的时间要尽量去记忆，去思考，使之呈兴奋状态；在不应该用脑的时间，要尽量克制自己，减少对脑的刺激，使之呈抑制状态。天长日久，就可以逐渐调节用脑规律，使用脑习惯符合于学习环境要求的用脑规律，只有二者协调同步时，才是最经济的用脑。

### （二）从听课的角度谈学习方法

提高听课的效率，是减轻学习负担的重要方法。

1. 课前预习。

2. 专心听讲，积极思考。

3. 学会记笔记。在记笔记的时候，应考虑以下几方面的内容：记重点、记典型事例、记灵感、记学习方法、记教科书中没有的知识、记图表、记图解、记分析问题的思路、记没听懂的地方、记似懂非懂的地方、记概括性的结论、记学习者认为对自己来说应当注意的知识。

4. 注意观察实验。边观察，边思考，尽量用已学过的知识去解释实验现象。在观察实验的同时，要注意实验技能的培养。

5. 努力完成教师课堂上布置的作业，“抓住”不会的知识。

6. 看教科书，消化所学知识。

7. 整理笔记，进行简单归纳、小结。

8. 检查教师批改的作业，改正错误。

9. 独立完成作业。

### （三）从收集资料的角度谈学习方法——三库学习法

**1. 卡片学习法——材料库**

近代大学者梁启超说过："大抵凡一个大学者平日用功，总有无数小册子或单纸片，读书时看到一段资料觉得有用者都抄下。"这里所说的单纸片就是卡片。学习者可以把有用的资料、习题，等等，抄在卡片上，并可在旁边写上心得、体会、思路等，以便复习之用。这样做有以下几方面的好处：

为学习者建立一个最适合自己需要的习题库、资料库。

便于分类整理，易于发现规律，从而简化学习。

有利于形成一个人的知识结构，促进概括化的学习。

**2. 典型题学习法——典型题库**

在材料库的基础上，根据学习者本人的知识状况，"浓缩"材料库，抽出典型题，以备复习之用。促进由例及类的学习。

**3. 错题学习法——错题库**

学习者可以把平时做错的题、想错的题、自己不会做的题，记录下来，并注明当时错在什么地方，为什么想错，为什么做错，以后又是怎么改正过来的（可以在旁边写上注意事项等）。

有了"三库"，常常会起到方便复习、方便检索的作用，为学习者寻找学习漏洞提供线索，并为塑造良好的知识结构打下基础。

至于如何储存"三库"，应根据学习者的学习条件而定。

### （四）从学习内容的多与少谈学习方法

"一般地说，教育工作者向来强调学习广度的重要，而把它与学习的深度对立。实际上，如果不得不在两者之间作出选择，我们宁愿要少而精的知识，不愿要多而囫囵吞枣的知识。少量巩固的知识既有用又可以迁移；大量混淆不清又不巩固的知识是完全无用的。”

有专家认为，在认知结构中是否有适当的起固定作用的观念可以利用，这是影响有意义学习与保持的重要的认知结构变量。在有意义学习中，如果原有的知识结构里没有适当的起固定作用的知识可以利用，来同化新知识，唯一的办法就是机械学习。更确切地说，如果认知结构中只有一些肤浅的不完全适合的观念用来同化新知识，就会出现并列结合同化或不适当相关类属同化。其结果，新知识不能有效地被固定在认识结构中，从而引起不稳定的、含糊的意义，并迅速导致遗忘。

当新旧知识彼此相似又不完全相同时，当原先学习的知识又不牢固时，便会导致负迁移。

鉴于以上所述，当学习者不得不在广度与深度之间作出选择时，常常取后者而舍弃前者，在少而精上下功夫。

### （五）从促进知识结构形成的角度谈学习方法

“获得的知识，如果没有完满的结构把它联在一起，那是一种多半会遗忘的知识。一串不连贯的论据在记忆中仅有短促得可怜的寿命。”

如何促进知识结构的形成呢？学习者可从以下几个方面考虑：

1. 认真学习基本概念、原理、定理，达到深刻理解、准确记忆的程度。

2. 努力提高自己的学习水平，争取达到概括水平的学习。

3. 做到章、节小结，全书总结。

4. 仔细研究教科书编写的目录，研究编书者对学科体系的安排，力图掌握整个学科的体系、脉络。

5. 做到对知识的分类、归纳、总结，努力寻找规律，努力寻找知识之间的联系。力图由知识点连成知识链，由知识链织成知识网。

### （六）从记忆的角度谈学习方法

记忆的方法多种多样。学习者应酌情选择记忆的方法。好的记忆的方法，应当符合记忆的规律，符合学科的特点，符合个人记忆的特点，记忆的效果好、效率高。

在选择记忆方法的时候，要多种方法配合，这样可以防止单调的刺激，提高记忆的兴趣，提高记忆的效果。在选择记忆方法的时候，以下警句确是记忆的良师益友：

背诵——记忆的根本　　应用——记忆的要诀

争论——记忆的益友　　化简——记忆的助手

理解——记忆的基础　　卡片——记忆的仓库

趣味——记忆的媒介　　注意——记忆的要素

联想——记忆的动力　　复习——记忆的保证

理论——记忆的向导　　特点——记忆的窍门

在学习中，应当反对死记硬背，不加理解的记忆。但在学习中，并没有反对记忆。没有记忆的学习是不存在的，大力提倡在理解的前提下的记忆。在学习中，有相当多的知识需要记忆，特别是有些知识的学习本身就是记忆水平的学习。由此看来，在学习中讲究记忆的方法是非常重要的学习方法。

**1. 选择记忆法**

选择记忆法是学习者在学习中选择重要内容加强记忆的方法。一般说来有以下几个方面的内容可以参考：

要记那些真正会导致遗忘的知识，如果把这些知识遗忘了，就会造成知识实质性的损失。像基本概念、定理、一些概括性的知识、相关类属学习的知识、总括学习和并列结合学习的有关知识等。如乙醛可以起银镜反应，这样知识的遗忘不会导致知识真正的损失，若把醛基可以起银镜反应遗忘了，则会导致知识真正的损失。

学习者应根据个人不同的情况，选择记忆那些最易记错、最易混淆、最易遗忘的知识。

记典型的事例、例题。这些事例或例题在学习中常常会起到认知桥梁的作用，起到固定点的作用，常常可以通过类比，使学习者在学习新的内容和解决问题时，受到启发。

记有规律性的知识，记规律性中的特殊事例。如氯、溴、碘和水反应有一定的规律性，氟与水反应却有其特殊的地方。记规律性中的特殊性，记特殊性中的规律性。

记零散知识中非常容易记忆的部分。如甲基橙、酚酞、石蕊的变色范围不太好记，根据它们变色的 pH 的数值，记 31445810 常常会给记忆带来方便。

**2. 提纲网络记忆法**

提纲网络记忆法是把有逻辑顺序的一段话中的每句话抽取出能代表这句话主要意思的字词，按一定的顺序联结起来，形成网络，从而达到便于理解、便于记忆的方法。如学生要记住这么一段话：氟、氯、溴、碘各原子的核电荷数不同，核外电子层数不同，原子和离子的大小也都不同，各原子核对外层电子的引力也有所不同。原子的大小对非金属的活动性有很密切的关系。可以将这段话写成：元素不同→核电荷数→核外电子数→电子层数→半径→引力→活泼性不同，将知识点按一定的顺序串成串，建知识链。

**3. 口诀记忆法**

口诀记忆法是把所要记忆的内容编成口诀，通过背诵口诀达到记忆知识的目的。如编元素化合价口诀，酸、碱、盐溶解性口诀，氧化—还原反应中“失氧还、得还氧”等口诀。学习者可根据学习的内容，自己编制符合个人记忆习惯的口诀。口诀记忆法对记忆学习水平的知识有牢固的记忆。

**4. 改错记忆法**

改错记忆法就是通过改错加强记忆的方法。要求学习者要认真对待平时作业和考试时出现的错误。对错题要认真地分析和思考，深挖错误的根源，加深对正确方法的理解，从而达到强化记忆的效果。

**5. 发掘特征记忆法**

发掘特征记忆法是学习者根据学习的内容，发现学习任务的特征，并根据特征强化记忆的一种方法。

**6. 尽量回忆法**

尽量回忆法是通过尽量回忆达到记忆的方法。有的学生在做习题时，某些知识回忆不起来，马上就翻书，这是一种不好的学习习惯。当回忆不起来时，要想一会儿，尽量回忆，实在想不起来时再翻书，这样常常可以增强对知识的记忆。凡是能回忆起来的知识，常常是理解并记住的知识。

**7. 对立记忆法**

对立记忆法是学习者在对知识进行比较、分析的基础上，把相似但又不同的两个或若干个对象放在一起记忆的方法。如下面一例采用的就是对立记忆法。

$Cu+HNO_3$(稀)—— $Cu(NO_3)_2+H_2O+NO\uparrow$

$Cu+HNO_3$(浓)—— $Cu(NO_3)_2+H_2O+NO_2\uparrow$

以上介绍了七种记忆的方法，还有更多记忆的方法，篇幅所限，不一一列举了。在记忆的时候，学习者应根据个人的特点、学习的内容，多创造一些针对个人行之有效的记忆方法。

### （七）从学习原则谈学习方法

学习原则和教学原则一样，不是一成不变的，被公认的学习原则目前尚不存在。在此，仅介绍一些笔者认为是比较重要的学习原则。

**1. 动机原则**

学习动机是直接推动学习者自觉学习的动力。毫无动机的学习者的学习既不可能坚持长久，也不会在学习中取得好的成绩。只有想学习的学生，才学得进去，才能克服学习中的困难，才能真正尝到学习中的乐趣，才能研究、讲究学习方法，才能真正提高用脑效率，取得较好的成绩。学习者应想方设法在学习中自觉地培养自己正确的可持久的学习动机。

**2. 智力因素和非智力因素和谐发展原则**

智力因素主要指思维能力、记忆能力、注意力、观察力、想象力。智力因素以外的一切因素，都可以称为非智力因素。这里所说的非智力因素主要指意志、兴趣、性格等。古今中外，聪明人（智力因素较好）不一定都能干出一番事业来，不太聪明者不一定不能取得较大的成绩。其道理就在于在这些人身上智力因素和非智力因素是否得到了和谐的发展。

智力因素和非智力因素和谐发展原则说明在学习中，学习者要自觉地促进自己智力因素和非智力因素的发展。只有这样，操作系统（智力因素）才有动力，动力系统（非智力因素）才能在操作系统充分发展的情况下更好地发展。只有两者协调发展，学习者才能发挥出自己最大的优势，才能在发展中取得更好的成绩。在学习中，研究影响学习的变量只考虑智力因素而忽视非智力因素是片面的。任何一个人的工作都是全人格参与的过程。

**3. 概括化原则**

根据概括化迁移理论可知，概括化的知识更有迁移的价值。能够发生正迁移的知识越多，知识向能力转化的量也越大，能力也会得到更好的培养。根据概括化迁移理论，学生在学习时要尽量把自己的学习水平提高到概括水平的学习，尽量提高知识的概括化程度。这样的学习，有利于知识的掌握和能力的培养。

**4. 系统化原则**

在学习中，记忆的知识越多，学习的难度越大。系统化的知识，常常容易被学习者发现规律，减少记忆；系统化的知识，容易形成学习者较好的知识结构，为进一步学习提供最佳固定点，使后继学习难度降低；系统化的知识，使知识彼此联系紧密，不易忘记且能很好应用。在学习中，学习者要尽量促进知识系统化，促进知识结构的形成。

**5. 充分利用实验或实践的原则**

学习者要充分利用校内外的条件，尽量多做一些与人的发展、知识与能力联系密切的实验或多参加实践活动。这样做，有利于基础知识的学习，有利于理论联系实际，有利于培养学习的兴趣，有利于培养科学的学习态度和良好的习惯，有利于科学方法的学习，有利于促进实验的技能技巧的形成与发展，有利于培养能力、发展智力。充分利用实验或实践的原则说明，学习者若能充分利用实验，实验常常会起到“多功能”的作用，使学习者在各方面获得较大的收获。并不是说，学习者只要做实验，一定会收到“多功能”的效益。学习者只有自觉地尽最大努力从实验和实践中吸收“营养”，才能有更大收获。

在实验中，学习者必须明了操作的道理，提高实验操作的理论水平，提高概括化、系统化的程度，促进举一反三的学习，促进由例及类的学习，这是提高综合学习水平的有效方法。

**6. 温故知新原则**

新知识的学习，总是以原有的知识为基础。“新知识总是停泊在旧知识的锚桩上”。温故，使原有的知识更加清晰、稳定，用其当锚桩，用稳定的、清晰的知识学习新的知识，新旧知识密切连接，使新知识获得了意义，使旧知识得到了扩展，有利于提高学习效率，有利于促进知识结构的形成，提高了学习的效率。

**7. 循序渐进原则**

知识之间总是有一定的逻辑顺序。这种顺序构成了知识之间的联系和一定的知识结构。循序渐进地学习，是由知识组成的规律所决定的。循序渐进地学习，降低学习的难度，提高学习的效率，又不断地为新的学习打下良好的基础。

### （八）“一横一纵一综合”复习方法

一横的意思是：

按章、节的内容，一节一节地进行复习，其目的是“扫面”。

一纵的意思是：

按知识的内在联系进行归类，把相关的知识内容用一条主线联系起来，其目的是“穿线”。

一综合的意思是：

在一横一纵的基础上进行综合练习，其目的是“检验”。

这样的复习方式，应当把功夫下在平时，在关键时刻，拿出来相关资料缕一缕，进一步打好基础，促进知识结构的形成，进一步提高学习的水平。这样复习，在复习方法上减负担，在知识内容上减少“重量”。使知识成串、成链，能促进良好知识结构的形成。

### （九）学习方法——面对面

1. 教育行政部门、各级各类学校领导、教师对教授学习方法的认识水平如何？

2. 授课教师对传授学习方法重视的程度如何？是否有评价指标？是否评价过？

3. 授课教师掌握学习方法的水平如何？

4. 授课教师对传授学习方法研究的水平如何？

5. 授课教师掌握学习理论的水平如何？如何体现？

6. 如何评价学生掌握学习方法的水平？有无评价指标？是否评价过？

7. 授课教师传授学习方法是否列入教学的评价之中？

8. 掌握学习方法与培养学生创新精神、实践能力、提高学习效率有何关系？在实践活动中，就没有学习方法可学吗？

9. 掌握学习方法对减轻学生学习负担有作用否？

10. 学习方法对提高学生学习能力和学习成绩有作用否？如何证明？

11. 培养学生的学习方法对提高其迁移能力有作用否？如何证明？

12. 培养学生单科的学习方法对提高其迁移能力有何影响？

13. 培养学生单科的学习方法对促进其他学科学习方法有作用吗？

14. 培养学生的学习方法对培养学生的思维方法、科学方法有什么作用？它们之间是什么关系？

15. 培养学生的学习方法对促进学生知识结构形成有什么作用？

16. 为什么找不到万能的学习方法？

17. 学习方法和学习理论是什么关系？

18. 是否有必要在全国范围内开展研究学习方法、宣传学习方法、应用学习方法的高潮，并逐步做到普及？

19. 用什么长效机制保障在教学的过程中，教师必须传授学习方法？

20. 学习方法是学生学习的工具，在教与学的过程中，如何培养学生各种各样的学习方法？

21. 学习原则体现学习规律吗？学习规律都是学习原则吗？

22. 按学习原则进行教学，可以提高学习效率吗？

## 十一、学习——面对面

1. 如何证明学习理论是第一性的，教学理论是第二性的？

2. 学习的水平是产生方法的方法吗？是产生智慧的智慧吗？是产生教学艺术的艺术吗？

3. 有效练习的表现形式是什么？无效练习的表现形式是什么？如何区别有效与无效练习？这是思考减轻学生过重课业负担的重要问题吗？

4. 如何从“精细练习”中减轻学生过重课业负担？

5. 学生的“精细练习”对教师提出了什么要求？

6. 培养学生迁移能力的有效途径是促进学生达到概括化水平的学习吗？

7. 学习方法是学习的工具，如何教给学生最有效的学习工具？最有效的学习工具永远是相对的，这样说对吗？是否因人而异，因学习内容而异？

8. 为学习方法建立定理的意义何在？有宣传的必要吗？这是培养教师

迁移能力的一种方法吗？

9. 教师应当把教授学生学习的方法作为重要的教学目的，实际状况如何？

10. 培养学生有效的学习方法是减轻学生过重课业负担的有效方法，可以这样提吗？

# 第六章　教学

什么是教学？

教学是一个文科的概念，没有公认的定义。

教学是教育中的重要组成部分，但不是教育的全部内容。

教学是为教育服务的。

教学是教育中的重要手段。

学生过重的课业负担，常常来自于教学的整个过程。向教学过程要教育质量，是减轻学生过重课业负担的重要方法。

以下介绍几种关于教学的定义。

1. 教学是教师把知识、技能传授给学生的过程。

2. 教学是师生双方的协同活动。

3. 教学是教师传授和学生学习的共同活动。通过教学不仅使学生获得知识技能，也发展他们的认知能力，同时培养他们的思想品德。

4. 教学是教师教和学生学的共同活动。学生在教师有目标、有计划的指导下，积极、主动地掌握系统的文化科学基础知识和基本技能，发展能力，增强体质，并形成一定的思想品德。

5. 教学工作是一种由教师和学生两方面共同合作，搞好对规定教材的体会理解以有益于学生行为和经验的活动。

由若干个教学的定义，可以看出：

1. 教学永远有教师和学生。没有学生的学，也不存在教师的教。教学是“双边”活动。

2. 在教学中，“教师为主导、学生为主体”，学习是在教师主导下的学习，二者相互依存，相互影响。

3. 教师的教学任务或者说教师的教学目的，就是学生学习的目的，二者的任务紧密相连。

4. 教学不仅主要学完规定的知识、技能，还要促进学生各方面的发展，特别是能力的发展、思想品德的培养。

5. 教学是教师全人格参与的过程，学习是学生全人格参与的过程。“人格需要人格的教育，感情需要感情的投入，智慧需要智慧的启迪，精神需要精神的感染”，这是教与学活动中的一种有意义的“传递”。

6. 教师的教学质量影响学生学习的质量。

7. 教师的每一份责任心、每一个智慧，都收获在学生的成长与进步上。

8. 教学处处无小事，说明小事在教育中的作用。

9. 教师教的水平，影响学生的学习水平。

10. 要减轻学生过重的课业负担，教师的教学方法对其有较大的影响力。

11. 无论科学怎样发达，为提高教育质量，教师教育的素质，教师教学的基本功永远不能丢。这是教师教育的最基本的能力。教师教育的基本功应当随社会的变化，科技的变化而变化，应当随科技的发展而不断地提高。

12. 保护好教师和学生的脑子，是提高教与学质量的最关键因素。对此，教师和学生都应当学习一些脑科学知识并将其运用于教与学之中。

# 一、需要说明的几个问题

## （一）要严格区分教育和教学两个概念

教育和教学是两个既有联系又有区别的概念。

要严格区分教育和教学两个概念，是提高教学质量的基本点，也是提高教育质量的基本点。

对学生施加的任何一个有目的的影响都是教育。启发、引导、影响、激励等皆为教育。

教学是教育中的重要内容，但不是全部内容。若用教学评价代替教育评价，将会给教育带来重大损失。其损失主要表现在：

1. 不能有效贯彻教育方针。
2. 不能推动学生全面发展。
3. 扭曲了学校办学思想。
4. 教育中的着力点发生了偏移。
5. 损失了教育力量。
6. 教育质量受到严重损失。
7. 助长了单纯追求分数的思想。
8. 影响学校全面健康发展。
9. 不利于培育教师的教育能力。
10. 不利于学校办学水平的提高。
11. 在教育界弄乱了教育和教学两个概念。
12. 办学的评价体系出了问题，指挥棒指错或指歪了方向，给教育带来重大损失。
13. 教育的水平必将大幅下降，这是看不见、想得着的重大损失。
14. 教育方针成为教育的口号，形同虚设。

大家很清楚，教育方针明确提出教育要培养德智体美劳全面发展的社会主义建设者和接班人。

教学集中在发展学生的智力，常常缩窄为学生考试的分数而教。

教育和教学的本质区别就在于此。

课堂教学是教育的重要组成部分，它除了传授知识外，还有育人的任务。教师的责任是教书育人，在育人中教书，又在教书中育人。教书育人是永远也分不开的两项任务，是教育天生带来的教育责任。

### （二）最优化教学方法

最优化教学方法是：

在当时的条件下，教师和学生使用的时间和精力最少，而获得的效果最好。

最优化教学方法不是某一种固定的教学方法。

最优化教学方法不是预先固定好的教学模式，而是实际活动的产物。

最优化教学方法揭示万能的教学方法是不存在的。

最优化教学方法要求教师能根据当时的教学情境，去选择兼顾教与学效率最高的教学方法。

最优化教学方法是对教师素质特别是责任心和教学能力的考验。

任何教学方法都是由若干个不同的教学环节组成，因此，最优化教学方法追求最优化的每一个教学环节以及由这些环节组成的优化结构。

任何一种教学方法都可以细分为若干个不同的教学环节，由不同的最优化的教学环节且具有一定的逻辑顺序组成最优化的教学方法。

向教学方法要效益，转为向最优化的教学环节要效益。这是提高教学质量的有效途径，这也是提高教与学效率、减少学生课业负担的有效途径。实际上，这也是培养教师的有效途径。

提高教与学的效益，最优化的教学不是提倡增加教与学的强度，而恰恰相反。提倡的是在规定的时间内，学生可以少用精力，轻松愉快地完成学习任务，而且有好的学习效果。

### （三）对“满堂灌”的分析

在教育改革的浪潮中，首先受到批判的是言语讲授教学法，也就是老师讲，学生听。相当多的人认为，教师若在一节课中全部采用言语讲授教学法，就是“满堂灌”。这种老师讲、学生听的教学方法，是陈腐的、落后的，不利于学生掌握知识、培养能力，是应当抛弃的教学方法。事实果真如此吗？

**1.“满堂灌”有时是必要的**

使用任何教学方法都是有条件的。任何教学方法的优势，都是在一定条件下的产物。任何优势的发挥，都是以条件为基础，失去条件的优势是不存在的。条件与优势相伴生。当某班级大多数学生的学习自觉性极差的时候，当大多数学生不爱学习而且基础知识有很多缺欠时，当采用其他教学方法的教学效果不如教师系统讲授的时候，在这种条件下，教这样的学生“满堂灌”常常是必要的。这样的教学常常带有强迫的性质，多少学点总比不学好些。兴趣既是学习的动力又是学习的结果。当学生根本没有学习兴趣的时候，不得不采用此法。当学生有了一定的兴趣和基础知识时，学生学习的自觉性不断提高，教师应当考虑其他的教学方法。

当教学的环境不具备使用其他教学方法的条件时，当教学任务不允许使用其他教学方法的时候，“满堂灌”可能就成为在当时的条件下最优的教学方法。

**2. 系统讲授不等于“满堂灌”**

在教学的过程中，往往需要系统讲授。系统讲授不是“满堂灌”，系统讲授是讲解某些内容的主要方法。

在系统讲授的过程中，教师若采用设问法（教师把讲授的内容组织成一连串的问题，按照一定的线索，用设问的语气一个一个地提出来，又一个一个自我解答）进行讲课，每提出一个问题，都会在学生的头脑中产生一个疑团，激起一个波澜，使学生感到问题所在（学生必须具有有意义学习的心向），在极短的时间内，学生将检索自己头脑中的有关材料，尽力与新的问题连接，力图在心中回答教师提出的问题。当学生头脑中所想的和教师讲授的完全符合时，学生将产生一种内在的激励。这种激励，使其专心听讲，准备“回答”下面的问题，当学生想的和教师讲的不完全符合时，学生要进行自我检查，为什么会想错，错在什么地方，怎样回答才正确。由于责任感使其更加注意听讲。学生从教师的讲授中获得正确的知识，解题的方法，思考问题的方法。学生这些内隐的活动过程，是获取知识的过程，能力得到培养的过程，因此是一个积极的过程。所以说，系统讲授，学生的学习不是被动的。

当教师在讲授的过程中出现口误或笔误的时候，学生会有异常的表现，这种表现就是拒绝“灌”的表现。学生之所以能拒绝，是因为在教师讲授的过程中他们在积极地思维，拒绝是思维的结果，这个过程是积极的过程。硬灌是灌不进去的。教师在“灌”的过程中，学生在头脑中至少要有“接受—分析—存储”的过程，这个内隐的过程，是学生思考后接受知识的过程，不是一个不加思考被动接受的过程。

**3. 是不是“满堂灌”不在于讲不讲或多讲少讲**

在正常的情况下，人们反对这样的言语讲授教学，教师不顾主客观的条件，在那儿想当然地讲，学生明白的也讲，不明白的也讲，主次不分，逻辑不明，在教学的过程中，没有一点点启发的意思，硬往学生的头脑里塞。学生获得的知识是死板的，很少有迁移的价值，学生的能力得不到很好的培养。少讲不等于不灌，多讲不等于硬灌，灌不灌的关键在于教师在教学的过程中是否贯彻了启发式精神，在教学的过程中是否启发了学生的思维，积极开展智力活动。

系统讲授不等于满堂灌，系统讲授有时是很必要的，它仍然是课堂教学的主要方法之一。

教师系统地讲授，要求教师有很好的表达能力。当教师的表达像“催眠曲”一样，学生厌烦这样的教师讲课。它扼杀学生学习的兴趣和积极性，这是反对“满堂灌”的重要原因。

### （四）一成不变的最优化的教学方法存在吗

有的教师说，为了提高教学质量，能否介绍一种在任何情况下都可以使用的最优化的教学方法呢？

最优化的教学方法是实际教学活动的产物，而不是来自预先制订好的“放之四海而皆准”的教学模式。教与学是极为复杂的过程，在教学的过程中，多种因素是变化的，教学内容在变化，教学的条件在变化，教师教授某些知识的技能在变化，学生的知识基础在变化，学生理解某些知识的能力也在变化，等等。对待动态的变化的事物若要达到最优的效果也应该用变化的方法，也就是只能用辩证的唯物的观点来看待问题，对待问题，应当具体问题具体分析，根据不同的教学情境来确定不同的教学方法，放之四海而皆准的最优的教学方法是不存在的。只能说某种教学方法在某种教学情境之下，它的优点是什么，容易出现什么问题，适用的范围如何，在哪些条件下能更好地发挥出这种教学方法的优越性，在使用这种教学方法时教师应当注意些什么，而不能说，某种教学方法是最优的教学方法，哪种教学方法是最差的教学方法。因为教学过程是一个动态的过程，当条件发生变化时，人们认为最优的教学方法将失去其优越性，不能更好地发挥其作用，不能得到最好的教学效果，从而也就不能成为最优的教学方法了。

人们只能说在某种条件下，某种教学方法是最优的教学方法。也就是说，在特定的条件下，使用某种方法可以获得最好的教学效果。这种观点错的关键是“在任何情况下都是最优”，把动态的过程看成僵化不变的过程，以不变的方法去对待万变的过程，效果一定不是最好。

### （五）区分积极的与消极的教学方法正确吗

有的教师将发现法说成是积极的教学方法，把言语讲授教学法说成是消极的教学方法，推而广之，把某些教学方法说成是积极的教学方法，而把另外一些教学方法说成是消极的教学方法。这种观点对吗？

这种观点是不对的。某种教学方法是积极的还是消极的，完全取决于教学的情境和教师怎样使用这种方法，决不能说某种教学方法天生就是积极的教学方法，另外一些教学方法天生就是消极的教学方法。发现法是积极的教学方法，它有很多优点，假如教师不具备使用发现法的素质，不能有力地引导学生发现，学生自己又没有发现的能力，一节课下来，学生几乎没有什么发现，教师深知学生发现的那点知识远远达不到教学大纲的要求，而教学计划又不允许无限地延长教学时间，于是教师只好精讲或少讲(有时这些学习内容教师细讲学生尚不理解)，有时不得不讲结论，教学效果远远不如教师系统讲授的结果。在这种情况下，发现法就不是积极的方法。因为教学环境不适合发现法发挥其优势，学生不具备一定的知识基础去发现新的问题，学生学习没有什么收获，此时就不符合最优化教学的要求（师生所耗时间、精力最少，收获最大）。反之，教师若能灵活运用言语讲授教学法，学生很乐意听教师讲解，学生兴趣浓厚，能积极主动地配合教师的讲授，收到较好的教学效果，此时言语讲授教学法就成了积极的方法。把某些教学方法说成是积极的方法，另一些教学方法说成是消极的方法，是教师只看到某些教学方法积极的一面，而忽视了要发挥其优点所需要的最起码的条件。当条件不具备时，优势发挥不出来，也就不能起到积极的作用，也就不是积极的方法了。需要强调的是，任何教学方法都不能说是积极的方法或消极的方法，当具备某种教学方法发挥其优势的条件时，在当时的条件下，它必能起到师生所耗时间、精力最少，收获最大的效果，它就是积极的方法。积极的方法和消极的方法完全取决于教师的素质和某种教学方法在应用的过程中是优势还是劣势起主导作用。

### （六）一种教学方法优于另一种教学方法

平时讲某一种教学方法优于另一种教学方法时，是什么意思？是不是某种教学方法“天生”就比另一种教学方法好？

平时所讲某一种教学方法优于另一种教学方法，这是一种客观事实。教学如果不存在在某一特定的环境下，一种教学方法优于另一种教学方法，就不存在改革教学方法的问题，也不存在向他人学习的问题，也不需要创造出更多更新的教学方法。一般而言，一种教学方法优于另一种教学方法时，是综合考虑当时教学的情境，如教师教授此内容的水平、教师的特长、教师教学有哪些弱点、教学的设备条件、学生理解知识的情况、教学的内容，等等，采用此种教学方法获得的教学效果优于彼种。应用这种教学方法，学生获得的概念、理解的知识、形成的技能、记忆的效果等好于另一种教学方法。当教学的情境发生变化时，也就是说影响学习的变量发生变化时，某种教学方法就不一定优于另一种教学方法。

若教学的内容是形成学生某种特定的技能，如教会学生给试管加热，教师讲得再好，说得再完整，若学生不能亲自动手实践一下，恐怕很难完成教学任务。若只叫学生亲自动手，教师不做任何指导，任凭学生去独立思考，独立完成，恐怕也不是好的教学方法，因为学生很难发现正确的操作方法。针对这一特定技能的学习而言，笔者认为这样的教学程序较好，即：教师讲解操作理论、要点、示范；学生根据讲解的理论、要点进行操作；在学生操作练习的过程中，针对学生的具体问题，具体指导，纠正错误，强化训练，形成正确的熟练的技能。在这种特定的情况下，特别是形成学生某种特定的技能时，此种教学方法就优于言语讲授教学法和发现法。在一定的条件下，一种教学方法的教学效果会优于另一种教学方法的效果。"优于"或"劣于"不是固定的，是有条件的。教师如何根据教学的情境，去发挥某种教学方法的最大优势，是教学水平的具体体现。

### （七）强行推广一种教学方法能行吗

某教师进修学校的校长对全县教师说："读读、议议、讲讲、练练是很好的教学方法。我们全县教师都应当学习这种教学方法。今后不管哪位教师，上什么课程，都要使用八字教学法。"类似的观点还有"六课型是很好的教学方法，我们上课都要使用这种教学方法"，等等，这种提法科学吗？

在教学改革之年，涌现出很多好的教学方法。读读、议议、讲讲、练练教学法，六课型教学法等都是一些好的教学方法。它体现了改革的精神，在教学中注意贯彻启发式精神，注意对学生能力的培养，并注意研究使用这些教学方法所需要的客观条件，尽力发挥出这些教学方法的优势。

但是，任何一种教学方法都不是万能的教学方法。不顾主客观的条件，不研究每种教学方法对教师的要求、对学生的要求、对教学客观环境的要求，等等，强行推广或硬性规定使用单一的教学方法，是形而上学的。它不但对教改不利，反而会给教学带来损失，而且扰乱了教学改革的大方向。这种观点应当受到批判。

任何一种教学方法就其本质而言，都是相对的，在任何课上都通用有效的教学方法是不存在的。读读、议议、讲讲、练练教学法也不例外，它不是包治百病的灵丹妙药，它要求教师具备一定的素质，熟练地掌握各个教学环节；学生具有一定自学的能力，有学习的兴趣，有求知欲望；教材难度适当。只有具备了一定的条件才具备了使用这种教学方法的基础。在实际教学环境中，影响教与学的因素在不断地变化，不是每节课都具备使用这种教学方法的条件。当不具备使用这种教学方法的条件时，使用此法的效果就不一定好。因为：

1. 教师的素质是不一样的，教师的教育理论水平也是不一样的。在教学中，教师要根据自己的情况，扬长避短，扬长补短，决定在某一特定的环境中采用自己认为在当时的教学情境下是最好的教学方法。采用某一固定的模式、某种固定的教学方法，不利于教师特长的发挥，因而会降低教学的效果。

2. 学生的知识基础、学习兴趣、学习能力是不一样的。对一个大多数学生没有学习兴趣的班级来说，读读可能一点也读不进去，毫无收获；议议没有议的基础，议什么？议议很可能变成聊天。教师在什么样的基础上讲呢？讲什么？怎样讲？教师的精讲大部分学生听不懂，最后的练习也只有落空，最终的结果只能是完不成任务。对于这样的班级来说，不如教师富有激情地讲授，这样的教学效果可能优于读读、议议、讲讲、练练教学的效果。当学生的情况发生变化时，教师再考虑其他的教学方法。

3. 教材的难易程度在不断变化。需要教师讲解的专题学生可能读懂得很少而白白浪费时间。极容易的教材也不必非要四个环节来完成，很可能由学生自学，也可能教师提一提就可以了。以不变的教学方法去应万变的教材，常常会造成形式主义而白白浪费时间。

4. 学校的教学条件是不一样的。有的学校可以为学生开多个实验，甚至开放实验室让学生自己练，有的学校根本不具备实验的条件，只能看教师的演示实验，或只能由教师做“粉笔实验”。教学的条件不同而都去遵循同一种教学模式显然是形式主义。

5. 影响教学的其他因素都在变化着，因此盲目地强行推广某种教学方法是错误的。

这位校长提倡改革的精神，号召学习新的教学方法无疑是正确的，但走到另一个极端，“无论哪位教师，上什么课程，都……”这样完全肯定显然是一种偏激，是缺乏教学理论指导的具体表现。

### （八）精讲多练能成为一条教学原则吗

精讲多练成为一条教学原则合适吗？

**1. 对精讲的解释**

在教学中精讲包括两种含义。其一是在教学内容比较多的情况下，如所讲的内容可以归纳成 10 个问题，教师只讲其中的 2～3 个问题，针对全体而言，讲 2～3 个问题是精讲了。这是对精讲的一种解释，也就是一种量的精讲。其二是在讲解某个问题时，撇开次要的问题，细讲问题中的基本知识的关键点，细讲解决这个问题的主要矛盾的主要方面，这是对精讲的另一种解释，也就是一种质的精讲。质的精讲比量的精讲更为重要。

**2. 精讲应讲些什么**

教师在精讲时，应着重讲重点、难点、关键点，讲大多数学生不明白的地方，讲大多数学生无力自学的内容，讲分析问题的思路，讲解题方法、学习方法、科学思维的方法，讲典型事例，讲特征，讲本质，讲容易产生负迁移的知识，讲大多数学生容易忽略的内容，讲容易出现问题的知识。

**3. 精讲问题的提出**

在教学改革的浪潮中，大概从20世纪50年代初就有人提出精讲多练这种教学方法。20世纪80年代，有些学校把精讲多练当成教学原则，常常把它作为衡量教师教学的标准之一。总的来看，提出精讲多练的教学方法可能出自以下的原因：

（1）部分教师讲课条理不清，平铺直叙，不分主次，啰啰唆唆。学生早已听懂了甚至听烦的问题，教师还怕学生不懂，左一遍右一遍地讲，学生学习兴趣下降，甚至做起别的事情，白白浪费很多宝贵的时间，在这种情况下，学生要求教师精讲。

（2）讲课中，教师不清楚学生的知识基础或根本不研究学生的知识基础，凭主观想象在那儿讲。常常会出现这种情况，学生明白的或学生看书完全可以明白的知识讲起来没完，而学生不明白的知识或书本上有但看不懂的知识却根本不讲，或一带而过。教师诊断学生学习困难的能力很差，抓不住重点、难点、关键点，学生需要教师讲的内容，却很少讲，学生不需要讲的讲起来没完，给学生造成学习上的困难。

（3）教师出自好心，希望把所有的知识都嚼得很烂，一口一口地喂给学生；在教学中生怕学生听不明白，生怕有一名学生听不懂，常常把结论告诉给学生，叫学生毫不走样地记住教师所教的结论。教师的思考代替了学生的思考，天长日久，学生的能力下降，所培养的学生竟是“记忆的能手”，出现了高分低能的现象。

（4）提出精讲多练的又一目的是为了改变课堂上教师占用的时间多，学生练习的机会少，学生一部分技能技巧的培养受到了限制。

（5）在复习课上，教师不能提高复习课的水平，老生常谈，学生听起来没有新意，出现“听又不爱听，不听又不能做别的”现象，学生厌烦上这样的课，要求教师精讲，学生多做些练习。

#### 4. 精讲多练不能成为一条教学原则

教学原则是教学工作遵循的基本要求。在教学的过程中，不管在何种情况下都遵循精讲多练这个基本要求，是不合适的。

（1）教学中的教学内容是多变的。当教材内容很抽象，教科书中所讲的例证很少，其他辅助教材很难找到，学生的自学能力又很差，而大部分学习又属于并列结合学习时，在这样的情况下精讲就不合适了。例如，高中化学在讲解电子云、电子层、电子亚层等内容时，教师常常细讲，并配有多种直观教具，大部分学生仍不明白，何况精讲了。显然精讲对于类似的内容就不合适。多练对于类似的教学内容也不合适，因为没有更多的属于培养学生技能的知识可练。在遇到上述教学内容时就不能贯彻精讲多练，把精讲多练作为教学原则就不合适了。

（2）王策三先生在其《教学论稿》一书中对于精讲多练讲得更为透彻。他讲："……'多练'，远不足以确切地全面地概括学生的多种活动。有时教师整堂课边演示边讲解或只是讲解，学生没有什么'练'，但这经常是必要的，也并不等于学生整堂课不曾活动，而很可能积极地开展了思维活动和想象活动。相反，在某些'多练'中，学生的思维却走磨盘式的熟路，随着技能的自动化而思维的活动越来越少。在这种场合下，'精讲多练'就不符合启发式精神，并且造成知识技能的学习与全面发展智力的矛盾。'精讲多练'是建立在认为形成技能可以更好地促进知识的理解这样一种认识的基础上的。这有一部分道理，但不全面，应该全面考虑知识技能的学习如何促进智力发展，而不是妨碍智力的发展。'精讲多练'是把学生的听讲和技能的训练对应来看的，这就表明它对技能本身的理解是狭隘的，排斥了听讲时思维活动之类的智力技能，多半是些外部动作技能（当然实际上也包括一定的相应的智力技能）。笼统地强调'多练'局限于这类技能的训练，不仅对能力发展不利，即使对加深知识的理解，作用也是有限的。我们的教学方法，要既利于知识技能的学习，又利于发展学生的智力，应该是根据教学任务、教材、学生的特点，灵活多样，而不必局限于某些简单的模式。"

### （九）如何从宏观上分析一种教学方法

教学方法有各种各样。不同的教学方法适合不同的教学内容。

评价教学方法的方法、评价体系各种各样。

评价教学方法的方法，应当是教与学理论与实践的结晶，是学习教学方法的经典教科书。

学习评价方法，学习评价体系是培训教师的一种方法，而且是具有“实践”意义的方法。

学习评价方法，学习评价体系这类活动开展得不多，应当是学习中的一种损失。

学习评价方法，学习评价体系要找到恰当的材料。不科学的评价体系可能会误导教师。

对某种教学方法的分析，是学习教学方法的一种方法，也是培训教师的一种好方法。

对某种教学方法分析的一般方法：

1. 教学方法主要适用的教学情境；
2. 教学方法最优化的教学程序；
3. 教学方法对教师素质的基本要求；
4. 教学方法对学生素质的基本要求；
5. 教学方法对教学设施的基本要求；
6. 教学方法的最大优势；
7. 教学方法容易出现的主要问题；
8. 教学方法的经济效益；
9. 教学方法实际效果的分析；
10. 教学方法灵活应用的水平。

## （十）教学方法的改革

### 1. 教学方法的改革

任何事物都是发展的、变化的。

为了适应发展变化，人们所做的各项工作需要改革。

为了推动事物的发展变化，人们的各项工作需要改革。

为了提高工作的效益和效率，人们的各项工作需要改革。

事物的发展、变化是永恒的，因此研究事物发展变化的方法，也要发展、变化、改革。

教学同样如此，需要研究、推动教学方法的改革。教学方法改革得越好，教学效果越好。

如何提高教学方法改革的水平和效果，是教育工作者特别关心的问题，是教师的基本功，也是减轻学生过重课业负担的重要方法。

改革教学方法，涉及四个最基本的问题，即：

什么是教学方法；

什么是改革；

改革教学方法中的哪些因素及其相互之间的关系最有效；

研究改革教学方法的方法。

本文主要研究改革教学方法的一般方法。

### 2. 改革教学方法的一般方法

改革教学方法，首先要研究影响教学（学习）的因素（变量）及其相互之间的关系。

在不同的教与学的环境中，首先确定影响教与学的因素，在此基础上，找到影响教学质量的主要因素（主要矛盾的主要方面），在最优化改革教学方法思想的指导下，改变其中的一个因素或若干个因素的组合，或改变其中的一个或若干个因素相互之间的关系，这是改革教学方法最基本的方法。

一般说来，针对一名学生而言，教师若能找到影响学生学习的最主要的变量，采取有效措施使之向好的方向转化，学生可以有效地提高学习效率。针对某一班级而言，找到影响全班大多数学生学习的最主要的变量并促使其向好的方向转化，可以使教学获得大面积的丰收。找到影响个人或全班学生学习进步的一个变量或若干个变量的组合，或改变其中的一个或若干个关系，向协调优化的方向转化，是考虑改革教学方法的最根本的方法。

针对教师而言，找到其所教班级的影响学习的最主要的变量，从中找到主要由教师因素影响的变量，并促使其进行有效的改进，这是改革教学方法的最关键的问题。需要说明的是，影响教师教学效果的变量，不同的时期、不同的班级、不同的授课内容、不同的教学方式，有时会发生变化。有些变量是比较稳定的，有些是不太稳定的。有些变量教师容易改变，有些变量又是很难改变的。

对于一位口头表达能力相当好的教师而言，对 A 班学生，教师讲得细一些，学生的成绩会好一些；讲得少一些，概括一些，让学生多练一点，效果不佳，这是因为学生的基础知识较差，缺乏学习的动力，没有学习兴趣，学生依赖教师的心理更强一些。对 B 班学生，反其道而行之，反而会取得较好的效果，因为 B 班的学生较为聪明，基础较好，有较强的学习动力，有较强的独立思考和自学的能力。

对一位口头表达能力较差的教师而言，这一影响教学效果的因素恐怕在相当长的一段时间内，就是一个比较稳定的因素，而且又是较难改变的因素，教师必须扬长补短。

若影响教师教学效果主要是教师不能有效地促进学生知识的系统化和概括化，不能提高学生的学习水平，教师就应在这些方面多下些功夫，学生的学习水平在一定时间内会有所改变，教学效果也会随学生学习水平的提高而提高。

任何优质产品，至少应当具有优质的材料、精巧美丽的构型和优良的功能。一种教学方法也应当具备这三种要素。假若教学任务是固定的，教师的素质和学生的素质（学生的素质既是学习的基础，又是学习的结果）好比材料，各种教学方法、教学环节、教学手段的互相搭配组合，则构成“产品”精巧美丽的“构型”。在这两种要素有机地结合和巧妙地配合下，才能显现出优良的功能。这两种要素究竟怎样组合、结合、配合，教师应根据有关教与学的理论，教学的情境，相对稳定而又不失灵活地选择有效的教学方法。

笔者认为，教为主导，学为主体，在诸多种因素中，教师的素质是决定的因素，是教学改革成败的最关键的因素。如何进行教育会诊、如何确定影响学生学习和教师教学效果的最关键的因素、针锋相对提高教师的素质乃是进行教学改革的三个最基本的步骤。

（1）影响教学效果变量的确定。

在教学中，教师可以用统计法、理论法、调查法、问卷法、谈话法、观察法、测验法、经验法等方法来诊断影响教学效果的因素。有关这些方法的具体做法，在教育学著作中早有论述，不再重复。在众多的方法之中，最有效的、最直接的方法恐怕要算“教育会诊”。教育会诊指有教育专家、学校领导和教师同行等参加的专门研究影响某教师教学效果因素的活动。此办法是行之有效的办法，也是现在教育界中应当应用较多的一种方法。教育部门、学校领导若能对每位教师都能进行有效的教育会诊，并能帮助教师不断地改进、提高，整所学校乃至整个地区的教学水平将会登上一个新的台阶。

（2）改进已确定的影响教学效果的变量。

通过各种方法，确定了影响教学的变量以后，可以用文献的方法、经验的方法和理论的方法以及教学的环境和教师个人素质等来考虑，如何改进影响教学的变量。

采用文献的方法，要求教师收集有关的文献资料，研究他人解决有关问题的方法与途径，从而确定自己解决有关问题的办法。

采用经验的方法，要求教师根据自己或他人教学的经验，确定解决问题的办法。

采用理论的方法，要求教师在文献的和经验的方法的基础上，结合实践及个人特点，通过理论思维，应用有关的理论，确定解决问题的方法。

在确定教师影响教学变量的过程中，应当实事求是，切忌主观武断。一般说来，每次确定的影响教师教学质量的变量，数量不宜太多，最好是一个或两个，这样可以集中精力打“歼灭战”。否则，顾此失彼，慌了手脚，不知怎么做才好，反而给教学带来损失。

对教师的教学会诊（教育会诊），学校若能定期有计划进行，是学校领导改革教学的基础工程。

不管是学校领导还是授课教师，在研究解决问题时，必须把文献的方法、经验的方法、理论的方法等结合实际统一运用，综合考虑，才能使问题得到更好的解决，才能使教学方法的改革更符合教学实际、本人实际，才能切中要害，使教学的改革有理、有据、有法、有效，向教学最优化的方向发展。

**3. 改革教学方法应当注意的几个问题**

自从改革开放以来，教育工作者在改革教学方法方面取得了相当大的成绩。传统式的教学方法不同程度地得到了继承与“改造”，新的教学方法层出不穷，形势喜人，令人振奋，但是也有些问题值得注意。改革不会一帆风顺，不会不花“学费”，但是学费花得越少越好，弯路走得越少越好。提出以下问题，以供读者借鉴。

（1）教育工作者在改革教学方法时要对教学方法（如发现法、言语讲授教学法等）进行实质性的研究，切不可采用“一哄学习法”，盲目地肯定一种教学方法，否定另一种教学方法。

所谓“一哄学习法”，指的是不去研究教学方法的实质性内容，就盲目地肯定或否定某种教学方法，然后不分青红皂白盲目地实践，形成没有正确理论指导下的实践，扰乱了人们的思想，给教学带来很大的损失，同时也挫伤了教师的积极性，给学生的学习增加了额外的负担。

所谓实质性的研究，指的是研究每一种教学方法产生的背景，指导这一方法改革的理论基础，此种教学方法对教师的素质有哪些要求，对学生的素质有哪些要求，教学需要的时间，对教学设备有哪些要求、最适用于哪些教学内容，在具备哪些条件下，其发挥出的主要优势是什么，容易产生什么问题，如何才能有效地克服其自身的弱点，等等。根据研究的结果，应先在一定的范围小心谨慎地实验，当取得一定的效果之后，再进行大面积的改革。

如学习发现法和抛弃发现法的过程就是一个盲目的过程。美国心理学家布鲁纳著《教育过程》1960 年出版问世，我国于 1973 年内部发行中译本，1982 年由文化教育出版社出版发行。布鲁纳在书中提倡的发现法经过几年的实践，美国课程改革失败了。原因复杂，但暴露了其指导理论的缺陷，主要是脱离实际，脱离社会实践，脱离学校生活经验，脱离学生的知识基础和教师的教学水平，同时也脱离了教育基础和教育传统。发现法的主张带有空想主义和形而上学的性质，混淆了教学与科研的区别。随后，布鲁纳本人也承认，发现法失败。美国在 20 世纪 70 年代中期掀起了一个“恢复基础”的强大教育运动，意思是否定 20 世纪 60 年代的教育改革，主张恢复传统教育的一套办法。

我国在 20 世纪 70 年代传入布鲁纳的教育思想，同时其提倡的发现法在中国教育工作者的头脑中占有“一席之地”。20 世纪 80 年代初，全国各地大力宣传发现法，大力推广发现法，有的地区强行推广发现法，一时间似乎在教育界来了一个救世主，找到了包治百病的灵丹妙药。沸腾了一阵，后来不了了之。殊不知，传入中国之时，美国已经开始抛弃。别人抛弃的东西我们还在如获至宝地学习，不是盲目又是什么？之所以造成盲目学习的原因，就是没有对发现法的实质进行彻头彻尾刨根问底的实质性研究。千军万马轰轰烈烈的教学改革运动并没有找到改革教学方法的正确方法，没有收到好的教学效果而无声无息地失败了。这是教学的损失，更是研究教学方法改革水平的一种表现形式。吃一堑，应当长一智。

改革虽然失败了，但是广大教育者却牢牢地记得，在教学的过程中，不仅要传授知识，更要培养能力。这也是改革带来的最大的收获。总结这次经验教训，最关键的问题是缺乏对教学方法进行实质性的研究，盲目进行学习的成分太多了。

（2）教师应当认真研究学习理论、教学理论和心理学中对教学有指导意义的一切理论。

理论来源于实践，理论在实践中得到检验。理论高于实践又指导实践，正确的理论是多次实践活动的高度总结与概括，教师必须重视理论的学习，没有理论指导的实践是盲目的实践。发现法的引入与抛弃的过程已充分说明了这一点，不能不引以为戒。

在学习理论之时，笔者始终坚持这样的观点，学习理论是第一性的，教学理论只是学习理论的派生物。任何学习的理论都可以成为教学的理论，教学理论不一定全是学习理论。因为教师的教必须落在学这个焦点上，根据怎样学好来设计怎样教好。根据学习规律来研究教学规律，学生在学习的时候，必然要用脑，脑子好用，才能收到好的效果。学生所有的活动，都是脑支配的结果。教师在研究学习理论、教学理论的同时，千万不要忘记利用脑科学的研究成果，它是研究学习理论、教学理论的更深层次的理论基础。

（3）在教学方法改革的过程中，教师始终不要忘记加强教学基本功的训练。

教学方法无论怎样改革，必然要有教师。有教师讲课，就必然要有语言，有语言必然涉及表达能力。以此类推，教师的板书技能、实验技能、利用直观教具使用电化教具的技能，等等，都是影响教学效果的重要因素。不管使用何种教学方法，叫什么模式的教学方法，没有娴熟的教学技能，再好的教学方法恐怕也不会最大限度地发挥其优势。教学方法好比是一个构型，填充它的构件——教师的素质却是最重要的骨架。若教师的表达能力较差，思维混乱，上课抓不住关键的问题，讲话有气无力，无精打采，学生一听就有说不出来的难受滋味，在这样的条件下，再好的教学方法也不会有理想的结果。从某种意义上说，当教师的知识和智力超过某一关键水平以后，由教师的素质而表现的讲课技能是教学成败的关键。在教师众多授课的技能中，教师的表达能力特别是口头表达能力又是关键的关键。教学成功者与失败者多数在口头表达能力上有明显的差异。

有的教师认为，今后电化教学发达了，不用教师讲课了，用互联网进行教学，放电影、放录像、放录音、数字教学让学生看，学生听，还用得着教师吗？连教师都不用了，还用加强教师基本功的训练？此话讲得似乎有道理。殊不知，早有名言："教学机器不会笑"，教学的过程是师生交往的过程，教学的过程是一个移情的过程。教学机器不能移情更不会移情，不会对学生在情感上有激励的作用。可以想象，甲班学生请 A 老师亲自上课，乙班学生看 A 老师在甲班讲课的录像，教学效果不言自明。教学机器永远也代替不了教师的全部劳动。教师只要上课堂，必然涉及教学的基本功。教师对自己教学基本功的训练是教师职业的必修课，而且是永远也不能毕业的课程。教师教学的基本功与能否减轻学生过重课业负担密切相关。

（4）改革教学方法，改革者不要只考虑教学方法的名称与模式，教学方法改革成败的关键是是否提高了教学效率。

在教学方法的改革中确实涌现出很多好的教学方法，如六课型教学法、八字教学法、"学导式"教学法、三点三路教学法，三疑教学法、三环教学法、四环六段教学法，等等，举不胜举，数不胜数。这些教学方法无疑是多位教育工作者在改革教学方法中用汗水浇灌出的丰硕的果实，在教学中起到了良好的作用，同时也为他人改革教学方法提供了很好的思路与实践经验。

一般来说，改革教学方法要经过理论学习——诊断班级学习困难的主要问题——根据理论的、经验的、文献的方法提出改革的假设——在较小的范围内试验假设——根据实际情况修改假设——往复多次，使教师和学生逐渐适应新的方法——根据实践证明是较为有效的教学方法后，概括改革的内容、方法和步骤，提出具有一定代表性的教学方法。教学方法的名称来自成功的教学改革之后，并不是某人想怎么叫或叫什么教学方法就可以使教学改革成功。

在教学改革中，追求的是实际教学的效果。教学效果是改革成功与失败的分界线。否则，只追求形式，只追求教学方法的名称而不顾及教学的效果，定会使学生产生厌烦的心理和抵触的情绪，增加学生学习负担，给人一种华而不实、搞花架子的感觉，给教学带来损失。

（5）改革教学方法，不要急于求成，应积小改为大改，逐步提高教学效果，犯急躁病的改革是多半会流产的改革。

教学是一个复杂的活动。教学受到各方面因素的影响。在教学改革中，不顾主客观的条件，仅凭教师的热情急于求成是不太现实的。不管教学方法怎样改革，必然受到教师、学生、教材和教学环境的限制。同时也要受到社会风气、班风等各方面因素的影响。

社会风气影响学生学习的目标、学习的方向、学习的兴趣与动机和动力。社会风气影响学生学习的动力，影响着学生有意义学习的心向。一切正面的影响，有助于教学方法的改革。否则，将会给改革带来一定的阻力。

班风是一个班集体形成的一种风气。良好的班风将是教学改革得力的助手。良好的班风，将能很好地贯彻教师的意图，学生会很好地配合教师的改革，教学改革会得到大多数学生的支持，因此提高了学习效率。

习惯是最大的惰性。想要改变学习中的某些习惯，不是一件太容易的事情。而在改革中，必然涉及这个问题。教师想一下子改变学生学习的习惯，恐怕是很难办到的事情。布鲁纳在美国提倡发现法，就涉及教师教的习惯与学生学的习惯，脱离了实际，脱离了传统教育，最后导致失败。

此外，教学改革还要受到教师教的能力的限制、学生的知识基础和学习能力的限制，这些能力和基础的改变，非朝夕之功，需要有一段过程。即使教师和学生的知识基础和能力完全符合要求，对新的方法仍要有一个适应的过程，这一过程也是需要时间的。

概括而言之，改革教学方法的一般方法是：针对学生和教师而言，找到影响学与教质量的最关键的因素，在系统考虑的情况下，找到符合实际的提高学与教质量的最关键的因素，教师与学生共同明确改革的目标，找到解决问题的方法，共同朝着同一目标努力，达到预期的目的。

在师生共同的努力之下，在解决一个主要矛盾以后，在当时的条件下，再找到第二个、第三个……主要矛盾，不断解决，不断提高，从而使教与学不断朝着最优化发展的目标方向转化，达到全面提高教与学质量的目的。

事物的发展无止境，改革也无止境，依照上面介绍的办法循环往复，全面提高我国教育的水平，逐步使人口大国转变为人才大国。

从另外的角度而言，改革教学方法的一般方法是：找到影响学生学习的变量以及相互之间的关系，找到影响教师教学的变量，确定在当前的情况下影响学生学习的最关键的变量，确定在当前的情况下影响教师教学质量的最关键的变量。实事求是，力所能及又竭尽全力投入改革之中，针锋相对变量一一加以改进。

针对学生而言，改变影响学习的最关键的一个或几个变量，使其向好的方向转化。

针对教师而言，改变影响教学的最关键的一个或几个变量，使其向好的方向转化。

针对学生和教师而言，找到影响学与教质量最关键的因素，在统筹考虑的情况下，找到在当时的情况下，影响提高学与教质量的最关键的因素，教师与学生共同改进，共同进步。

解决一个主要矛盾以后，再找到在当时情况下的另一个主要矛盾，找到最优化的解决问题的办法，以此类推，循环往复，逐步提高学与教的水平，达到全面提高学与教质量的目的。

**4. 教学方法的改革——面对面**

（1）改革教学方法是以评价教学方法为基础，是否有道理？为什么？

（2）改革教学方法的一般方法是什么？

（3）一些教育工作者要求教师改革出万能的教学方法，说明了什么问题？

（4）一些教师在改革教学方法的过程中，喜欢总结出一些模式，并将其固定下来，使之成为永远不变的教学方法，对否？为什么？

（5）人们在思考问题的过程中，在解决问题的过程中，总是把一些因素看成是在一定的阶段内不可改变的因素，把另一些因素看成是可以改变的因素，对否？为什么？

（6）在改革教学方法的过程中，哪些因素可以看成是不可以改变的因素，哪些因素可以看成是可以改变的因素？这样分类对推进教学方法的改革有什么益处？

（7）有人说，改革教学方法的诀窍在于教师能在关键时期，找到关键问题，提出关键措施，这些措施切合实际，切实有效，切实可行，并能持之以恒地落在实处，对否？为什么？有人将这一方法总结为“三关三切”，对否？为什么？

（8）改革教学方法宜积小改为大改，还是宜大改而不宜小改，究竟如何改好？如何找到最优化的改革教学方法的方法？研究此事有何意义？大改小改有固定的方法吗？

（9）改革教学方法，究竟改什么为宜？用什么理论来确定改革的基本因素？

（10）评价改革是否成功，是否提高了教与学的效率，是唯一评价标准，为什么？

### （十一）需要说明的几个问题——面对面

1. 什么是“满堂灌”？
2. “满堂灌”为什么会遭到批判？
3. “满堂灌”应当不应当被批判？
4. “满堂灌”和言语讲授教学方法是什么关系？
5. 在什么样的情况下，“满堂灌”会发挥出最大的效益？
6. “满堂灌”要求教师最关键的素质是什么？
7. 不管任何场合，都采用“满堂灌”这一教学方法，行不行？为什么？
8. 如何提高“满堂灌”的教学效果？
9. 应当批判“满堂灌”中的什么？为什么？

10. 为什么会形成声势浩大的对“满堂灌”的批判？这一现象说明了什么？

11. 彻头彻尾批判“满堂灌”，会给教育带来什么损失？什么教训？

12. 万能的最优化的教学方法存在吗？为什么有人在“研究、追求”万能的最优化的教学方法？

13. 万能的最优化的教学方法为什么不存在？

14. 什么是最优化的教学方法？与万能的最优化的教学方法有什么不同？

15. 如何追求最优化的教学方法？

16. 教师掌握哪些知识最有利于教师改革教学方法？

17. 教师掌握哪些知识最有利于提高教学方法的效率？

18. 如何看待、学习社会上介绍各种各样的在一定条件下取得良好效果的教学方法？

19. 一名教师相对稳定地使用一种或几种教学方法是否正常？为什么？

20. 一种教学方法可以提高教师的教学水平，提高教师的素质，教师素质的提高又会提高教学方法的效率，相辅相成，相得益彰，对否？

21. 如何看待介绍的若干种在一定条件下取得较好教学效果的教学方法？

22. 为什么教育界的一些同志，在盲目地追求一种万能的教学方法？说明了什么？

23. 强行推广一种教学方法的做法，在当代还存在吗？

24. 在教与学的过程中，如何宣传一些先进的教学思想？宣传什么最有效？

## 二、向课堂教学要教学质量

### （一）向课堂教学要质量，是教师的可控因素

向课堂教学要质量，要向影响课堂教学的每个环节要质量。每个教学

环节及其构成逻辑顺序的质量总和，构成课堂教学的质量。

若教学中的每个环节都能照顾到减轻学生学习负担，就起到了整体减轻学生过重课业负担的作用。

问题的关键是：

1. 课堂教学由哪些主要教学环节组成。

2. 如何向每一个教学环节要教学质量。

3. 从哪些方面研究，向每一个教学环节要教育质量。

4. 如何将教学艺术渗透于每个教学环节之中。

要研究课堂中每个教学环节，首先要研究课的结构。

不同的授课目的，由不同的课型来完成。

不同的课型有不同的结构，不同的结构会由不同的教学环节组成。

因此，本书主要从常用的课堂教学环节的角度，来研究向教学环节要教学质量。

一般说来，常用的教学环节有：

1. 向备课要教学质量。

2. 向课的结构要教学质量。

3. 向引言要教学质量。

4. 向板书要教学质量。

5. 向演示实验要教学质量。

6. 向提问要教学质量。

7. 向例题要教学质量。

8. 向习题课要教学质量。

9. 向电化教学要教学质量。

10. 向直观教具要教学质量。

11. 向教学艺术要教学质量。

12. 向教态要教学质量。

13. 向作业要教学质量。

14. 向课堂教学总结要教学质量。

15. 向教学方法要教学质量。

16. 向教学评价要教学质量。

课堂上按一定顺序安排的各个教学环节的总和组成了课的结构。向教学中的每个环节要教学质量，实际上要的是教学的质量。这个质量是对教师素质的考验，实际上也在一步一步地培训教师。从长远看，在减轻教师教学负担的同时又减轻了学生学习的负担。显示课堂教学质量的关键是提高了教与学的效率。

### （二）向课堂教学要教学质量——面对面

1. 课堂教学是学生学习的最主要的地方，提高课堂教学质量的意义何在？

2. 减轻学生过重课业负担的最主要的地方在于提高课堂教学的质量，有道理吗？

3. 提高课堂教学质量关键在于提高教师的教学质量，对否？为什么？

4. 目前，提高教师课堂教学质量的具体做法是什么？效果如何？

5. 如何提高学生课堂学习的效率？与教师的教学质量是正相关吗？

6. 如何提高课堂教学中每个环节的质量？

7. 提高课堂教学中每个环节的质量，对教师的基本素质提出了什么要求？对教师教学的基本功提出了什么要求？

8. 如何培训教师的基本功？目前的具体做法是什么？效果如何？

9. 如何向每个教学环节要减轻学生过重课业负担？这是减轻负担的最基本的环节吗？

10. 向课堂教学要教学质量，是对教师素质的全面考验吗？

## 三、向备课要教学质量

备好课是上好课的先决条件。只有备好课，才能上好课。只有上好课，才能提高课堂教学质量。教师备课的质量受教师教与学理论水平的影响，同时，也受教师责任心的影响，实际上受教师全人格的影响。无论任何高明的教师，上课必须认真备课。只有高质量的备课，才有可能换来高质量的教学效果。如何才能提高备课的质量呢？首先从备课的主要形式谈起。

### （一）备课的主要形式

一般说来，备课的主要形式有自备和集体备课两种。

自备指教师根据教学大纲、教科书、指导性文件和有关参考资料，分析实际教学情境，独立钻研教学大纲的要求，吃透教材，为上好课所做的一切准备活动。

集体备课指两人或更多的教师根据有关教学的指导文件及实际教学的情况，在独立钻研教材的基础上进行研讨，每位教师认真吸取集体智慧，为上好课所做的一切准备活动。

集体备课可以集思广益，相互启发，互相学习，彼此借鉴，取长补短，是培养青年教师提高教师素质的好方法。应当向集体备课要培养教师、提高教学质量的效益。

### （二）备课的依据

#### 1. 教学大纲

教学大纲是根据教学计划所规定的目的、任务而编写的教学指导性文件。它以纲要的形式具体地规定了所教授的学科的知识、技能的范围、深度及其体系、结构、教学进度和对教学方法的基本要求。

教学大纲是指导教学的纲领性文件，具有权威的性质，任何教育机关指导人员、学校干部、教师都不能任意变更教学大纲的内容。教学大纲是学校必须履行的。

教学大纲的特殊性决定了其在教学中的重要作用：

（1）指导作用。

教学大纲指导教师教什么，怎么教，明确指出教学的目的、任务和要求以及教学时应当遵循的主要原则。

（2）限制作用。

教师只有完成了教学大纲规定的各项任务才算完成了教学任务。任何教师不得随意提高或降低教学大纲规定的教学标准。限定任何部门检查或选拔学生的正常考试必须紧紧围绕教学大纲命题。

（3）评定作用。

用什么标准来衡量教师是否完成了教学任务？用什么标准来评价学生的学习水平？唯一的标准要看教师是否完成了教学大纲规定的各项教学任务，学生是否达到了教学大纲规定的各项学习指标。

**2. 教科书**

教科书亦称为课本。它是根据教学大纲而编写的系统地反映学科内容的教学用书。教科书是教授内容的主要依据，是实现教育目的的工具，是教师的教与学生的学的主要材料，也是考核教师的教学质量与学生学习成绩的依据。教科书是教师备课最直接的第一手材料。

**3. 学生**

奥苏伯尔在他的《教育心理学》一书中十分强调学生原有的认知结构对学习的影响。他在该书的扉页上写道：“如果我不得不把全部教育心理学还原为一条原理的话，我将会说，影响学习的最主要的因素是学生已经知道了什么，根据学生原有的知识状况进行教学。”学生是学习的主体，教师必须根据学生实际的发展状况和可接受的水平进行教学。

教师在备课的过程中，要备学生的知识基础、智力发展的水平和学习的能力。离开学生实际水平的教学是“劳民伤财”的教学。

**4. 教与学的理论**

理论来源于实践并高于实践，因为它具有普遍性的品格。教师在备课的过程中，要充分研究指导有关教学内容的教与学的理论，结合实际，使之有效地指导教与学的过程，变盲目的实践为理论指导下的实践。

**5. 教学方法**

任何一种教学方法只有在一定的条件下才会显示出优势或不足，因此任何一种教学方法都有其最佳适用范围。某种教学方法在某一教学环境中使用可能是最优的教学方法，而在另一环境中则可能成为劣等的教学方法。教师应当在充分了解每种教学方法的“性能”的基础上，根据实际教学的情境，选择一种或几种在当时教学环境下的最优的教学方法。

**6. 教学条件**

教师的教学总是依附于学校的教学条件，脱离实际教学条件的备课只能是纸上谈兵。只有充分了解学校的教学条件并能很好地利用，教师的备课才能落在实处，才是可以实现的教学设计。

**7. 教学经验**

经验之所以宝贵，是因为其来源于实践，并被实践所检验，证明在一定的条件下可以获得较好的教学效果。教师应当虚心学习别人的经验并不断总结自己成功的经验和失败的教训，使其为教学服务。这是“不积跬步，无以至千里”的成功方法。

### （三）备课的步骤

备课有广义和狭义之分。广义的备课包括的内容极为宽泛，如教师阅读书报，研究学术动态，搜集参考资料，有目的地进行参观、访问，准备直观教具，甚至于教师看电视也可以看成备课。狭义的备课指教师直接为上课所做的准备工作，主要指教师钻研教学大纲和教科书，根据教学内容，在充分备学生实际的情况下，确定教学中的重点、难点和关键，准备好所用的直观教具和演示实验用品，确定教学目标、考虑教学方法、写出课时计划（教案）等。

备课一般可以分为 5 个层次。

**1. 学期备课**

学期备课是在学期或学年开始之前，教师在钻研大纲和通览教材的基础上，制订出本学期或本学年的教学计划。对整体教材有结构上的分析。

**2. 单元备课**

单元备课是在学期备课的基础上，在某个单元或某个专题之前制订出的教学计划。对单元教材有较为细致的结构上的分析。

**3. 课时备课**

课时备课是在学期备课和单元备课的基础上，更仔细地研究某一课时所要完成的教学任务，评价本课在单元教学中的地位、作用，写出具体的授课方案。

**4 课前备课**

课前备课是在上课前一天或几个小时，在写好教案的基础上，结合上节课的具体情况，对教案再精雕细刻，精益求精，再细备。

**5. 课后备课**

课后备课即课后总结，总结一节课中成功的经验和失败的教训，并记录在教案上。此方法是提高教学质量和教师素质的有效方法。

### （四）教学中的难点

教学中的难点是指在学习中由于种种原因造成的大部分学生难于理解、难于掌握、难于运用的知识或技能。

不同的学校、不同的班级、不同的个人在学习同一内容时的难点是不一样的。

重点内容对任何学校、任何班级、任何个人来说都是一定的，不会因外界学习环境的变化而变化。

教学中的难点是变化的，教学中的重点则是不变的。

教学中的重点与难点有时重合，有时分离。教学中重点与难点重合的内容，也常常成为关键点。

教学中的难点来自何处？一般而言，来自三个方面，即教材、学生和教师。在这三个矛盾当中，一般说来，最主要的矛盾是教师。因为教材靠教师讲授，学生靠教师启发，兴趣靠教师培养，教师是教学中的主导者。若教师讲不明白，恐怕最简单的内容也将成为学习中的难点。从另外角度看，学生是学习的主体，教师是教学的主体。学生是学习的内因，教师是学习的外因，外因通过内因而起作用。当外因（教师）完全满足内因发生变化的条件时，而内因（学生）仍不能变化，此时矛盾将发生转化，主要矛盾则在学生一边。

**1. 难点来自何处**

（1）难点来自教材。

①教材内容抽象。

当学生在学习某一新知识时，由于学生的感性材料不充足，在学生的认知结构中没有适当的观念可以利用，从而不能深刻地理解抽象的知识，使有意义学习变为机械学习。机械学习的内容没有迁移的价值，学生只能生搬硬套死记硬背一些概念、定理，也就谈不上掌握与运用这些知识去完成习题和解决一些实际的问题，这些抽象的内容常常成为学习中的难点。

②问题复杂。

当学生学习的知识较为零乱而又不能找到其中的规律时，学生不能很好地掌握知识也就不能很好地应用它们去解决学习中的一些问题，这些复杂而零乱的知识就成为学习中的难点。

③内容相近。

当学生所学的知识相似而不相同时，这些知识极易产生前摄和倒摄抑制，使学生头脑中的有关知识发生混淆和误解，给理解、记忆和掌握带来极大的困难，而且常常产生负迁移，使学生原来掌握的知识也变得模糊不清，学生不能掌握和运用这些知识自然成为学习中的难点。

④短时间内要求记忆的知识过多。

在短时间内要求学生记忆的内容过多，且知识间联系越少、彼此间越相似，学习的难度也越大。记不住的知识，也很难谈到掌握和运用，从而成为学习中的难点。如要求学生每天记住 30 个外语单词，表面看来只是记忆的内容，实际上由于记不住也就不认识，就不可能理解由这些单词而组成的课文，更谈不上运用这些单词去作文了。

⑤短时间内并列结合学习的内容过多。

并列结合学习是较难的一类学习。当短时间内并列结合学习的内容过多时，学生无力消化理解这些新的知识，必然导致机械学习或增加机械学习的成分，这些知识在学生的头脑中不能与有关的知识联系，在这种情况下常常是人为的非实质性的联系，增加学习的难度而成为学习的难点。

学习是极为复杂的现象，难点的出现也是多种多样的。以上不仅分析了难点产生的原因，同时也提供了分析难点产生的一种方法。不同的学科、不同的内容、不同的学生会在不同的时间产生千奇百怪意想不到的难点。

（2）难点来自学生。

由于学生的基础知识薄弱，学习能力较差，缺少学习方法，缺乏有意义的学习心向，不愿为学习付出努力，在这种情况下，即使是较为容易的问题也会成为学习中的难点。

（3）难点来自教师。

由于教师的知识水平有限，表达能力较差，不能把知识讲清楚，学生听不懂、不能理解的知识更谈不上掌握，造成大部分学生对所学知识混乱不清，似是而非，难于掌握一切应当掌握的知识和技能。有时教师不能根据具体的教学情境来选择教学方法，不顾主客观的条件在那儿“想当然”地讲授，脱离教学实际，造成学生的学习困难。有时教师备课不充分，对工作不负责，讲授内容语无伦次逻辑性很差，学生听不明白教师到底在讲些什么，学生不能理解、掌握有关的知识，造成大面积地降低学习质量。以上原因种种，总之是教师讲不明白，多数学生也听不明白，造成大部分学生难于掌握、运用所学的知识。

**2. 突破难点的方法**

难点来自方方面面，突破难点的方法应当是具体问题具体分析。

针对难点来自教材而言，突破难点的总的方法是“针锋相对，对症下药”。

针对抽象的材料应尽量使之形象化，为学生提供生动的可接受的直观材料，由抽象的材料变为具体的材料，再对具体的材料进行概括抽象。教师应当尽量使用比喻的方法，组织恰当的“认知桥梁”，使学生对抽象的内容有较深刻的理解。

针对问题复杂的材料，教师应尽力使之规律化、简明化，找出共性，总结规律；剔出特性，单独处理。

针对内容相近而极易发生混淆的问题，充分利用比较，发现特征，突出特征，根据特征，区别异同，加强理解，强化记忆。

针对过多的记忆的内容，教师应根据记忆和遗忘的理论，巧妙地利用各种各样的记忆方法，提高记忆的效果。

针对并列结合学习的内容，教师应当尽量挖掘学生知识背景上可利用的知识点，尽力变机械学习为有意义的学习，减少人为的和非实质性的联系的成分，使学生真正理解所学材料的实际意义，促进知识结构的形成。

一般言之，复杂问题简明化、深奥问题通俗化、抽象问题形象化、零散问题系统化、一般问题概括化是处理难点的一般方法，这也是教学的艺术。

**附：对并列结合学习等的解释**

当新的命题与学生认知结构中原有的观念，既不能产生从属关系又不能产生总括关系，它们在有意义学习中可能产生联合的意义（产生新的意义），这种学习称为并列结合学习。

总括学习：在认知结构中已经形成了若干个概念，要在这若干个概念的基础上学习一包摄程度更高的命题时，便产生总括学习。

从属关系的学习又可以分为派生类属学习和相关类属学习。

派生类属学习：当新的学习材料作为原先获得的概念的特征或作为原先获得的命题的证据或例证而加以理解的学习。

相关类属学习：学习的新材料属于原有的具有较高的概括性的观念中，使原有的观念得到扩展、精确化、限制、修饰等，新的概念或命题获得意义，在这种条件下产生相关类属学习。

（这段内容请参考《教育心理学——学与教的原理》，邵瑞珍等编著，上海教育出版社出版）

### （五）结构备课法

笔者本人更提倡结构备课法。

结构备课法是指当教者拿到所要教授的课程材料时，教者对全课程进行系统备课，要了解、熟悉、理解教材的全部内容及结构。

**1. 对结构备课法的基本要求**

（1）了解、熟悉、理解教材的整体基本结构，节与节，章与章之间的关系。

（2）熟悉教材中所有新的概念、定义、定理以及它们之间相互的关系。

（3）熟悉教材中所涉及的实验、实验仪器设备以及对应的操作技能。

（4）熟悉教学中的基本点、重点、难点、关键点及其相互之间的关系。

（5）明确对学生的培养目标及要达到的水平。

（6）熟悉教材的结构以及对教师知识结构的要求，在这条件下如何促进学生良好知识结构的形成。

（7）介绍给学生科学的思维方法、有效的学习方法以及各种能力的培养。

（8）优化安排教学。

**2. 结构备课法的主要优势**

（1）有利于促进教师知识结构的形成。

（2）有利于促进学生知识结构的形成。

（3）有利于教师统揽全局，做到教学心中有数，从而明确教学中的着力点，可以“精准发力”。

（4）有利于教师适时地，适当地教授、启发学生的科学思维方法和科学的学习方法。

（5）有利于促进知识的迁移，即一种学习对另一种学习的促进作用，实际是一定的知识结构对另一种学习的影响，便于提高教学水平和学习水平。

（6）根据教学的要求，教师可以快速知道自己教学中的不足之处，可以针对性地采取有效措施弥补不足，提高教学能力。

（7）有利于促进教师优化教学。教师的优化教学有利于减轻学生学习的负担。

### （六）向备课要教学质量——面对面

1. 传统备课有多少种形式？

2. 教学机器的使用对备课有什么影响？

3. 集体备课的优点在什么地方？

4. 为什么有的学校取消了集体备课或弱化了集体备课？不能发挥集体备课功能是一大损失吗？

5. 集体备课是培训新教师的一种方法吗？是教师互相促进、共同提高的好方法吗？

6. 集体备课是提高教学水平的一种方法吗？

7. 如何问集体备课要效益？

8. 如何提高集体备课的效益？如何理解集体备课是“集众思，聚众力”取众教学经验的一种方法？

9. 集体备课是否有利于提高全校教学水平？

10.“结构备课法”的优点是什么？它是减轻学生负担的一种方法吗？

11.“结构备课法”的优势在于教师用自身良好的知识结构教学吗？

## 四、向课的结构要教学质量

结构不同，其结构的功能不同。

手的结构远远超过五个手指头的功能，是因为五个手指头有了一定的结构，结构决定功能。

建筑物抗 8 级地震有抗 8 级地震的结构，建筑物抗 6 级地震有抗 6 级地震的结构。

结构不同，功能不同是因为构成结构的各元素不同以及它们之间的关系有了一定的变化优化，结构是为了优化这种联系。优化结构是提高功能的有效方法。

教学也是如此，教学过程是由一节课一节课组成的。一节课又是由若干个教学环节组成。若干个教学环节可以看成是构成一节的元素，如何使一节的各元素按一定的顺序优化组合，就形成了课的结构。向优化的课的结构要教学质量，是研究课的结构意义所在。

《中国大百科全书・教育》指出，课的结构是“一节课的组成部分及各部分之间的联系、顺序和时间分配。它反映一定教材单元体系中一节课的教学过程及其组织。课的结构的一般组成部分是：组织上课、检查复习、讲授新教材、巩固新教材、练习与布置课外作业等”。

### （一）课的结构组成的理论依据

课的结构组成的理论依据是认识论、心理学、学习理论、教学理论和科学方法论。

课的结构组成受到教学任务、教材内容、教学条件、教学方法和学生认知特点的限制。教学方法常常给课的结构提出一个大致的轮廓。优化课程结构是评价教师上课的重要内容。

### （二）一般课的结构

#### 1. 传授新知识的课的结构

（1）组织教学。

组织教学是一项复杂的需要有高度技艺的活动。它要求教师能根据学生在学习活动中的反应，及时地调整课堂教学，完成教学任务。

组织教学可以利用语言，也可以利用教师的神态、动作。教师的声音可高可低，可快可慢，或稍加停顿，使突出的语言区别于当时的语言环境，使学生能觉察出这些“特殊的”语言在暗示些什么、自己应当做些什么。

组织教学的目的是使学生在心理上和物质上做好上课学习的准备，保证教学顺利进行。组织教学贯串教学的始终。

组织教学不仅要求教师有组织教学的艺术，从某种意义上说，要求教师有更高的威信。在学生的心目中有威信教师的形象是高大的，这种高大的形象会组织学生的注意力，使他们乐于听讲，对教师本人肃然起敬，起到一呼百应的作用。

（2）准备讲授新教材。

教师根据学生学习的实际情况，用设计好的问题、习题或一段陈述性的知识内容检查、组织或复习以前学过的并与新教材有联系的知识或技能。

（3）明确上课的目的、内容、要求。

（4）讲授新教材。

（5）分析掌握新教材的情况并弥补不足。

教师分析掌握新教材的情况的方法多种多样，如教师提问、学生练习、学生讨论等。

（6）巩固所学的知识。

（7）总结概括所学的知识。

（8）布置课外作业。

**2. 培养技能的课的结构**

（1）组织教学。

（2）明确训练的目的、内容、要求。

（3）组织、复习或检查与本课培养技能有关的知识或技能。

（4）教师示范或讲解要领（若为培养计算技能，教师示范常表现为分析例题）。

（5）学生练习。

（6）教师分析学生练习情况，并及时解决练习中存在的问题。

（7）教师总结概括所学的技能。

（8）布置作业。

**3. 检查知识的课的结构**

（1）组织教学。

（2）提出测验的目的、要求、注意事项。

（3）说明测验的问题。

（4）测验（测验的形式多种多样）。

（5）当堂或用其他时间对测验的结果进行分析、评价，并用适当的方法弥补学习中出现的问题。

**4. 巩固知识的课的结构**

（1）组织教学。

（2）明确复习的目的、要求。

（3）进行复习与综合练习。

（4）教师总结，进一步促进知识的系统化、概括化提高学习水平并强化重点内容的记忆、理解，促进知识结构的形成。

（5）精选习题，布置作业。

### （三）对课的结构的几点说明

1. 课的结构不是一成不变的，即使是同一类型的课，如传授新知识的课，由于教材内容的变化、学生知识结构的变化，课的结构也会发生变化。

2. 课的结构在某种程度上规定了教学方法的顺序。教学方法不同，也会改变课的结构。结构完全相同的两节课教学方法迥异的情况是存在的。

3. 影响课的结构的因素多种多样。教学方法的改革必定促进课的结构的变化。

### （四）向课的结构要教学质量

课的结构实际上是指每一种类型课的基本组成部分。课的结构可以简单地分解为四个主要因素，即：组成部分、各部分之间的联系、各部分组成的顺序和完成各部分教学任务所用的时间。向课的结构要教学质量可以看成向四个主要因素要教学质量。教师在考虑这个问题时可以优先考虑以下诸问题：

1. 一节课究竟由几部分组成最合适？这几部分之间怎样联系最好。

2. 每一部分安排多少教学时间，学生的收获最大而且节约时间。

3. 每一部分可以分为多少个教学步骤，各教学步骤之间怎样配合最适合学生的学习水平。

4. 每一部分要解决的最关键的问题是什么。

### （五）强调优化课的结构的实际意义

强调优化课的结构的实际意义是：

1. 课的结构影响教学质量和学习效率。

2. 优化课的结构要求教学应当考虑并处理好教学程序的条理性、逻辑性、充实性。

3. 教学程序有条理性、逻辑性，有利于学生的学习，有利于促进知识结构的形成，有利于培养清晰的学习思路，有利于降低学习的难度，有利于减轻学生学习的负担。

4. 强调优化课的结构，推动教师用“系统课”的观点备课、上课，这是培养教师、提高教学水平的一种方法，有利于推动教师向最优化教学发展。

5. 课的结构清晰，各段教学的任务清晰，教与学思路清晰，教与学的任务清晰。课的结构清晰，教学方法清晰，教学环节清晰，教学步骤清晰。

6. 优化课的结构，是为了优化课上各个教学环节的联系，各个环节互相照应，互相借力，互相铺垫，使教学思路更加清晰，学生学起来更加容易，减少学习的时间和精力，从微小之处，为学生减负。“不积跬步，无以至千里”，千里是由跬步的积合而成。向教学中的“跬步”要效益，是减轻学生负担的一种方法。

学生的负担由一分一秒加重，学生的负担由一点一点知识加重，优化课的结构，在减轻“一分一秒、一点一点”所加重的学生学习负担。

课的结构不是一成不变的，应当以最好的教学效果来设计课的结构。

### （六）向课的结构要教学质量——面对面

1. 研究课的结构的实际意义是什么？

2. 课的结构对教与学的质量有什么影响？

3. 课的结构展示教师教学的思路，对吗？

4. 课的结构展示的是教学的条理性、逻辑性、充实性，对吗？

5. 课的结构反映出对教学时间的分配要精打细算，对吗？

6. 课的结构展示备课的水平，对吗？

7. 如何向课的结构要教与学的质量？

8. 课的结构如何影响教与学的质量？

9. 如何优化课的结构？意义在何处？

10. 学生过重课业负担是一点一点加上的，减轻学生课业负担要一点一点减下来，如何做好一点一点减下负担的教学？

11. 向课的结构要教育质量，是在做“减少加，增加减”的工作吗？

12. 做事要“大处着眼，小处着手”，向课的结构要质量，是在做“大处着眼，小处着手”的工作吗？

13. “不积跬步，无以至千里”，如何向跬步要效益？能减轻在跬步中的负担吗？

14. 如何理解教育处处无小事？有的小事在加重学生过重课业负担，有的小事在减轻学生过重课业负担，为什么？

## 五、向引言要教学质量

一节课的开始，总要有一段简短的“开场白”，一些教师常常这样引入新课："上一节我们讲……这一节我们讲……"这样的引言平淡无奇，表面上承上启下，实际上未能把两节课的教学内容有机地联系在一起，也未能充分引起学生的注意，激发学生的兴趣，达到引言的教学目的。好的引言，犹如乐曲中的"前奏"、戏剧中的"序幕"，能够起到创设教学情境、揭示教学内容的作用，为上好一节课奠定良好的基础。

实际上，新课的引入并不局限于使用讲述法，因此，这里所说的引言也不局限于"开场白"。概括地说，引言是利用各种教学媒体，通过不同的教学方式引入新课的一种教学行为。引言不仅用于上课之始，而且也用于新段落或新单元之始。

### （一）引言的主要作用

**1. 导出课题，集中注意力**

一节课开始时，学生表面上安静下来，但其思维往往是其他课程或课外活动的延续，对上好新课缺乏必要的心理准备。通过引言，导出新课题，或明或暗地明确教学内容和教学目标，可使学生的心理活动指向新课题，集中注意力，为学习新课做好心理准备。

**2. 激发兴趣，形成学习动机**

一段精彩的引言，可以产生强烈的情感效果，具有一定的艺术魅力。因此，不仅可以引起学生对新课的注意，而且可以激发学习新课的兴趣。学习兴趣是构成学习动机最现实、最活跃的心理成分，是学习动力的重要源泉。学生产生浓厚的学习兴趣，就会以饱满的热情积极地参与教学活动。

**3. 承前启后，创设教学情境**

通过引言，能够加强新旧知识的联系，做到承前启后、温故知新、自然衔接，为展开新课创设必要的教学情境，形成和谐的课堂气氛，使学生进入良好的学习准备状态。

不同形式的引言，会得到不同的作用。

根据不同的教学目标，可以设计各种不同的引言形式及内容。总之为提高教学效果服务。

引言具有多功能效益，要利用好引言。通过引言，常常可以判定教师备课充分与否，评判教师的讲课艺术。

### （二）引言的主要方式

由于学科不同，教学内容不同，学生的知识基础不同，引言的目的和作用不同，从而决定了引言方式的多样性。下面介绍几种引言的方式。

**1. 复习引入**

复习引入是教师通过复习旧知识提出新课题的引入方式。这是一种最常用的方法。现代认知学习理论认为，学习的实质是新旧知识的相互作用，使“新知识停泊在旧知识的锚桩上”，从而使新旧知识相互结合，构成新的知识结构。因此在一节课开始时，通过复习再现学生原有的知识结构中与新知识相联系的有关内容，教师很容易在学生原有知识的基础上，提出新的课题，使学生不知不觉进入学习新课的角色。这样，有利于新旧知识的联系，有利于促进知识的系统化，有利于形成新的知识结构，为学生学习新的知识提供了极为方便的学习条件。

**2. 直观引入**

直观引入是教师借助展示实物、标本、模型、图片、实验或放映幻灯、录像、电化教学等手段的一种引入新课的方式。由于教师使用的教学媒体对学生来说是新奇的，能迅速引起学生的无意注意和直接的兴趣。借此情境，教师及时地针对观察的内容设置疑团，提出问题，使学生产生强烈的学习新知识的愿望，变无意注意为有意注意，变直接兴趣为间接兴趣，形成良好的心理准备状态。

**3. 事例引入**

教师借助于新闻轶事、史实典故、科教片等导入新课的方式可概括地称为事例引入。导入的内容生动活泼，引人入胜，符合学生的心理特征。

通过事例，教师找到“切入点”，提出新的问题引起学生思考，教师再步步深入，层层剖析，展开新课。这样可以激发学生的学习兴趣，激发学习动机，由于生动形象的事例给学生以深刻的印象，从而有益于知识的记忆与保持，从而会学到一些分析问题的方法。

**4. 设疑引入**

设疑引入是提出问题，引起疑问导入新课的方式。“学源于思，思源于疑，疑是思之始，学之端。”教师根据授课的内容，提出问题，设置悬念，引起惊奇，激发兴趣，引出新课。这样可以使学生知道问题所在，提高注意力，开动脑筋，进入积极的思维状态，为学习新知识做好准备。

**5. 意义引入**

意义引入是直接阐明学习的内容、学习的目的和学习的重要性等，唤起学生注意，形成学习动机而引入新课的方式。意义引入的导言设计要努力做到开宗明义，言简意赅，明确提出“学什么，为什么学”，使学生明确学习的目标和意义，增加学习的自觉性。

### （三）引言设计的基本原则

**1. 目的性原则**

引言的最终目的是导入新课，使学生初步了解学习的内容、学习的意义以及学习的方法，引起学生恰当的回忆，组织与学习新知识等有关的知识等。引言的设计首先要遵循目的性原则，引言是新课的“前奏”，引言是新课的“引见人”，引言必须为引出新课服务，必须紧紧围绕这个目的设计引言。

**2. 简约性原则**

引言的主要作用是引出新课的同时，使学生进入良好的心理准备状态（注意、兴趣、情感、思维等），为讲授新课做好准备。引言不是讲授新课，不是新课的教学内容，因此，引言不是教学的主体，不应当占用过长的时间，一般三四分钟甚至更短一些。这就要求引言简明，生动具体，一语中的。

**3. 多样性原则**

引言的设计要依据具体的教学内容和实际的教学情境而设计。由于教学内容的多变性和教学情境变化的复杂性，这就决定了引言的灵活性和多样性。只有经常变换引言的形式，力求新颖，才会在实施的过程中引起注意，激发兴趣，形成动机，明确任务，达到预期效果。否则，千篇一律，再好的引言也会失去其艺术魅力。

引言是课堂教学的一个最基本的环节。一段精彩的引言，可以先声夺人，为课堂教学定下成功的基调，对提高教学质量起着十分重要的作用。引言好比战鼓，鼓舞人心，催人奋进，是全面提高课堂教学质量的前奏曲。

### （四）向引言要教学质量——面对面

1. 教师如何设计引言？

2. 不同形式的引言有不同的功能吗？

3. 教师如何确定引言的方式、形式、内容？

4. 有人讲，“引言有分量等于讲了半节课”，引言有这么大的教育力量吗？有道理吗？

5. 如何研究引言教学艺术？

6. 如何充分利用引言的功能？

7. 新知识总是停泊在旧知识的锚桩上，引言在为新知识设计锚桩，建立锚桩，“唤醒锚桩”？

8. 有人讲，引言常常是对上节课的总结与复习，有这样的功效吗？其承上启下，是开幕词吗？

9. 精心设计的引言，本身就是教学艺术吗？

10. 如何向引言要教学质量？其教学质量在于组织学生恰当连接旧知识与新知识，减轻学生学习的难度，对吗？

## 六、向板书要教学质量

板书是提高课堂教学质量的重要手段。其特点是利用书面的文字材料、图表、实物等以补充口头言语的“消失”。传统的板书常常是在黑板上用粉笔书写，随着科学技术的不断发展，教师也常常用投影仪、幻灯、计算机、教学中的软件设计等代替部分传统的板书。本章所研究的主要指传统的板书。

无论如何改变实物的呈现形式，其功能不变，可以为学习者提供有益学习的直观材料。

### （一）板书的主要功能

1. 呈现授课程序，概括教学内容。
2. 为学习者提供直观材料，加深印象，强化记忆。
3. 突出教学中的重点内容。
4. 培养学生记笔记的技能，训练学习方法。
5. 使学习者一目了然地看到一节课所讲授的主要内容，便于教师总结、概括，促进学生知识结构的形成。

### （二）板书设计

板书具有多种功能的作用。但是并不是所有的板书都能发挥出应有的作用。板书是需要教师精心设计、精心安排的。只有教师精心设计并符合一定要求的板书，才能在教学中发挥出提高教学质量的作用。

**1. 板书设计**

板书设计即教师根据某节课授课的目的、任务和教学的内容，针对学生的实际和教室中黑板的具体情况，配合教学，把将要呈现在黑板上的教学内容按照一定的原则和技术上的要求，事先规划在黑板上或计算机的做法，称为板书设计。具体的板书设计可以呈现在教案中，也可以暂时地

“存放”在脑子里。一般说来，前者较为“保险”，不易遗忘。更主要的是，它是教学的记录，为教师总结教学经验，提供了最直接的第一手材料。板书设计的过程，也是教师进一步备课的过程。

**2. 板书设计的主要原则**

板书设计的主要原则与教学原则一样，目前尚无统一的说法。

一般提到的主要原则有：

（1）目的明确；

（2）计划周密；

（3）高度概括；

（4）针对性强；

（5）条理清晰；

（6）灵活适当。

**3. 板书设计技术上的要求**

（1）布局合理，纲目分明；

（2）简明扼要，结构完整；

（3）工整秀丽，大小适中；

（4）形式多样，符合感知的规律。

感知的客观规律有：

①强度律：被感知的事物，必须达到一定的强度才容易被人们感知。

②差异律：被感知的事物必须与它的背景有所区别。

③对比律：凡是两个显著不同甚至对立的事物容易被感知。

④活动律：一般说来，活动的对象较静止的对象更容易被感知。

⑤协同律：在观察中，尽可能利用多种感知觉协同活动。

⑥组合律：凡是在空间上接近、时间上连续、形式上相同、颜色上一致的事物，都易于构成一个系统或整体而被人们清晰地感知。

### （三）评价板书的主要内容

一般说来，评价板书应从以下诸方面考虑：

1. 讲授与板书配合的情况。

2. 是否考虑了板书设计，设计的效果如何。

3. 是否符合板书设计的主要原则和技术上的要求。

### （四）向板书要教学质量

板书是教师的基本功之一。板书是教学的重要手段。板书是教师的门面。良好的板书给学生以美的享受。板书与教学的其他环节和教师的语言艺术默契配合，使“死”的字呈现出活灵活现的精神面貌。良好的板书可以简约学习的过程，降低学习的难度，突出教学中的重点，加深学习的印象，节约学生学习的精力。良好的板书使学生对教师产生钦佩之感，有利于教师威信的形成，从喜欢板书到喜欢教师所授的课程，有利于教学质量的提高。

如何向板书要教学质量，如何用板书减轻学生学习的负担，是教学中应当细致研究的问题。学生听一遍和学生既听又看的效果完全不一样，多种感官参与活动给学习者能留下更深刻的印象。

### （五）向板书要教学质量——面对面

1. 如何向板书的功能要效益？

2. 板书呈现的是教学思路吗？

3. 板书呈现的是教学重点吗？

4. 教师设计的板书表现的是教师教学艺术与责任心吗？

5. 在教学机器参与下的教学，板书还有实际的意义吗？如何充分利用教学机器呈现的板书？

6. 有的教学机器将教师一节课的板书一下子全呈现出来，带来的问题是什么？

7. 现在有的教师不写板书，是教学中的损失吗？是教学改革的时髦做法还是不要求板书？

8. 学生听一遍和看教师在黑板上或白板上写一遍，学习效果能一样吗？学习效果是否迥然有异？

9. 教师的板书应当成为评课的一种标准，有这样的必要吗？它是影响教学质量的主要因素吗？

10. 板书是教师所授课程的重要内容，如何强化板书？

## 七、向演示实验要教学质量

演示实验是指教师在课堂教学的过程中，配合所讲授的知识，由教师或个别学生做演示，其他学生观察与思考的一种实验形式。此类实验在课堂教学中应用极为普遍，是学生接触较多的一类实验。

### （一）演示实验在课堂教学中的主要作用

实验在教学中具有“多功能”的作用。演示实验在课堂教学中的主要作用：

1. 激发学习动机，培养学习兴趣，提高学生有意义的学习心向。

2. 为学生提供生动的直观事实，帮助学生学习知识、形成概念、理解定理、定律，巩固所学的知识。

3. 培养学生的观察能力、分析问题和解决问题的能力。

4. 帮助学生提出假说（假设），验证假说，培养学生研究问题的能力。

5. 为学生提供规范的实验操作，培养学生实验的技能技巧。

6. 培养学生实事求是、严肃认真的科学态度以及勤俭节约等良好的实验习惯。

7. 使学生学到一些科学方法。

### （二）对演示实验的基本要求

**1. 直观**

现象明显又能说明问题，符合被感知的定律（对比律、强度律、活动律、差异律和组合律等）。

**2. 简单**

装置、操作尽可能地简易，使学生易于观察。

**3. 安全**

操作安全，不会发生意外事故，对环境没有污染。

**4. 可靠**

现象准确，结论可靠；一般说来万无一失，万一有失，定有补救的办法。

**5. 省时**

单个演示实验的时间不宜过长，以不浪费教学时间、不松散课堂教学为准。

**6. 经济**

节约仪器、药品、用品，经济开支较小，培养节约的品德。

### （三）观察计划

观察计划指教师在引导学生观察某一事件、事物、实验现象之前，要求学生在观察的过程中应当注意观察的目标、现象等，以及在什么时候观察和怎样观察的一些具体指导，为完成教学任务针对具体观察的对象而编排的一系列有序的问题。这里所谈的观察计划，主要指教师在做演示实验之前，精心设计的一系列要求学生边观察边思考的问题。

**1. 具体事例**

以硫磺与铜丝的反应为例，让学生在实验前或实验中观察与思考的问题：

（1）铜丝的颜色、状态。

（2）硫磺的颜色、状态。

（3）加热小试管中的硫的三态变化。

（4）刚刚加热硫磺时小试管的内壁有什么变化？说明了什么问题？（上端有升华现象）

（5）铜丝伸入试管中有无现象？为什么？

（6）铜丝与硫的蒸气接触时有什么现象发生？说明了什么？

（7）观察生成物的颜色、状态及柔韧性，说明了什么？（生成黑色固体物质，很脆，说明生成了新的物质，即发生了化学反应。）

（8）观察教师的基本操作。此实验可以分解为几个基本操作？它们都是什么？

**2. 观察计划的作用**

教师应根据学生的具体情况、具体的教学内容，设计不同的观察计划。不同的观察计划有着不同的目的和作用。一般说来，观察计划的主要作用是：

（1）使学生明确观察的目标、方法、时机，提出具体的学习目标，增加责任心和任务感。

（2）引起学生的注意，集中学生的注意力，组织课堂教学。

（3）激发思考，使学生在观察中"有的放矢"，培养学生的观察能力、思维能力。

（4）为导出新课、讲解新知识做好铺垫。

**3. 观察计划的设计**

观察计划的设计应当灵活，而不应千篇一律、千例一案，要根据学生的实际情况、具体的教学内容和教学目的，变化多样。一般可以从实验前、实验中和实验后三个阶段来考虑：

（1）做演示实验前，要求学生观察实验的用品（仪器、药品的颜色、状态等），以及实验前的一系列的准备工作。

（2）做实验的过程中，要求学生观察实验中出现的现象（声、光、气、色、沉淀、溶解等），以及观察的时间、部位，实验的条件等。

（3）做实验之后，要求学生观察生成物（产品）的颜色、状态等，比较反应前后的变化，以及实验后的处理工作（仪器的拆卸、生成物的存放、残余物的处理等）。

（4）教师的操作程序和基本操作。

（5）在某些观察项目之后，可以加上一些“为什么”“说明了什么”等语言，以激发学生思考问题，使他们能带着问题观察，带着任务观察，尽量使问题解决于观察之中。

### （四）对演示实验的评价

对演示实验的评价，一般可以从以下诸方面考虑：

1. 实验用品拿进教室后安放的位置。

应放在较为隐蔽的地方，防止学生因观察实验用品而分散注意力。

2. 实验所用器皿的卫生情况。

演示实验所用的一切用品都应当是非常干净的（包括抹布在内），多数教师并未注意到这个问题。

3. 安装仪器的顺序是否合理，安装好的仪器是否配套、美观。

一般安装仪器的顺序为先里后外，先下后上，先左后右。安装好的仪器应当是横竖成行，比例适当，和谐优美。

4. 实验用品是否准备齐全。

教师应将所有的实验用品准备齐全，对容易发生的问题应当有所准备，万一出现定有补救的办法。这体现教师备课是否充分，同时也体现出教师的事业心与责任感。

5. 实验操作是否规范。

教师在演示实验中的每一个动作都应当规范、娴熟，这是因为教师在为学生提供操作的“样板”，在这一点对教师的要求绝不能有一点点放松的思想。此时教师不仅仅在为学生提供“样板”，更主要的是教师在“以身作则，为人师表”，它影响到教师的威信，影响到教学的效果。

6. 实验现象是否明显，实验效果如何。

实验现象应当清晰，班级中所有的学生都能看到；绝不能出现与结论相反的实验现象。

7. 实验时间的长短。

实验时间的长短以不松散课堂教学、不浪费教学时间完成教学任务为宜。一般说来，单个演示实验不宜超过 8~10 分钟。教师在实验中应配合恰当的与实验同步的讲解。绝不能在一个较长的实验期间“冷场”，这是松散教学、浪费时间的具体表现。

8. 是否注意控制了对环境的污染。

对学生进行环境保护教育是教师应尽的责任，因此教师在做演示实验时必须注意环境的污染问题。若不能控制污染问题，实际上助长了理论脱离实际的学风，对学生的工作学习会带来不可估量的损失。

9. 实验是否简单、安全、可靠、省时等。

这是课堂教学实际对演示实验的基本要求。舍此将不能完成教学任务。一个没有安全保证的实验绝对不能在课堂上给学生演示，万一出事，人财损失，造成极坏的影响。

10. 观察计划设计得怎样。

观察计划是指导学生观察与思考的教案，是提高实验效果、培养学生实际能力的具体教学计划和实施步骤。在教学中有相当一部分教师不知道怎样写观察计划，更不知道如何应用，给教学造成重大损失。

11. 拆卸仪器的顺序是否合理。

拆卸仪器的顺序应与安装的顺序相反。有部分教师不注意拆卸的顺序，主要是不清楚这是教学中的一部分内容，是培养学生有条有理工作、实验习惯的极好机会。必须提醒教师“教学处处无小事”，教师的任一动作和习惯都在对学生有潜移默化的影响。

12. 实验完毕后实验用品安放的情况。

实验后的用品必须安放在较为隐蔽的地方，防止分散学生的注意力。部分教师实验完毕，杯盘狼藉，乱作一团，给学生造成极坏的影响。

13. 实验在整个教学活动中安排的顺序是否得当。

顺序不同，效果不同。实验呈现过早，学生没有精神准备，呈现过晚，又不会起到实验的作用。演示实验的时间要放在“等当点”上，这是由教学方法、教学过程所决定的，也体现了教师利用演示实验的艺术。何时呈现演示实验，确实是教师应当精心设计、精确计算的一个极为关键的问题。

14. 实验装置、反应条件、操作过程等方面是否有所改进。

教师根据本校学生的实际和设备情况，因地制宜地对实验的装置、反应的条件、操作过程等进行改进是常有的事，但是改进的部分应当合理、巧妙、符合节约的精神。在某种程度上也反映出教师实验的技能与水平。

15. 实验习惯怎样。

利用演示实验培养学生的实验习惯是演示实验的重要任务之一。要培养学生的实验习惯，教师必须具有良好的实验习惯，有相当多的教师没有意识到这一点，在演示实验时随便丢弃废物则是司空见惯的事，这就充分说明了这一问题并未受到普遍的重视。这是一个相当严重的问题。在评价演示实验时应当严格要求教师，规范其习惯。习惯具有惯性，好的习惯不易改变，坏的习惯也不易改正。教师必须在注意自己实验习惯的同时，加强培养学生实验的习惯。培养习惯并非朝夕之功，要有“打持久战”的准备。

16. 根据演示实验，对学生观察能力、分析问题和解决问题的能力以及理论联系实际能力的培养情况。

这一内容是演示实验应当完成的重要任务，应当全面评价教师对待这一问题的方方面面。在评价这一问题时，常常与教师设计的观察计划密切相关。

17. 实验教学的水平怎样。

实验教学的水平可以用教学的五级水平来评价。教师应当努力把实验教学的水平提高到概括水平的教学。如何利用演示实验对知识和技能进行概括，特别是对实验技能进行概括，是提高实验教学水平的标志与关键，教师应当在此方面下功夫，它是实现技能迁移的有效途径。

### （五）教师利用演示实验的艺术

请参阅本章“十三、向教学艺术要教学质量”部分。

### （六）向演示实验要教学质量

向演示实验要教学质量，就是使演示实验能充分地发挥其“多功能”的作用。欲达到此目的，教师应当：

1. 妥善地选择或改进或创新演示实验，使之符合对演示实验的要求。

2. 精心设计实验观察计划，并努力使之落到实处。

3. 教学目的明确，教学方法得当。演示实验与其他教学手段、教学步骤配合默契，教师具有利用演示实验的教学艺术。

4. 提高教学水平，尽力促进知识、技能的概括，着眼点应始终放在“学一个、会一类”上，使学生理解道理，避免机械学习，促进知识技能的迁移。

5. 利用实验教会学生一些思考问题的方法，使学生能利用已掌握的知识和技能，对实验进行分析，得到正确的结论。教会学生分析实验的思路与方法，使之能想，会想，学会“想什么，怎么想”，教给学生产生分法的方法，培养技能的迁移，培养动手的能力，培养理论联系实际的好学风。

实验具有多功能的作用，要求教师具有能对实验的功能及其应用有“吃干榨净”的能力，这是向每一个教学环节要质量的关键。课堂上的一些演示实验，草草做完，不能充分发挥实验多功能的作用，是教学中的损失，也是教学中的浪费。

关于利用现代教学设备、教学机器做演示实验，对实验的要求不变。

利用教学机器（如电脑）做演示实验，终究不是实物，它的教育功能受限。

利用教学机器起到一个“虚中有实，实中又有虚”的实验，起到“百闻不如一见”的功效。

利用鼠标，选择一样一样的教学仪器、药品做实验，若违背实验程序，电脑不工作，对学习有一定的强化作用，其教育作用多在此处。

教学生如何利用电脑创新实验，是电脑的“特效功能”。

要发挥教学机器教学中的优点与长处，学生可以反复用，反复做，绝对安全等，是教学改革等发展的一个方向。

### （七）向演示实验要教学质量——面对面

1. 教师具备什么素质可以充分发挥演示实验的多功能效益？

2. 做演示实验，对教学条件有什么要求？

3. 如何利用实验，培养学生理论联系实际、实事求是的作风？

4. 如何利用实验，培养学生观察能力，分析的能力、理论联系实例、实用的能力，对教师的素质提出了哪些要求？

5. 教师能否创新一些课堂演示实验，既培养能力，又培养兴趣？有这样的教学环境吗？

6. 一些学校为了“做题”，省去了很多课堂上的演示实验，认为做实验浪费时间。丢掉了演示实验的多功能，是教学中的重大损失吗？

## 八、向提问要教学质量

提问法是教师在教学中应用较为广泛的一种方法。“思维始于问题与惊奇”，所以提问是启发学生思维的一种好方法。如何利用提问有效地激发学生的思维，有力地培养学生的思维能力，乃是每位教师应当很好研究的问题。

### （一）提问的主要作用

1. 教师在课堂教学中，根据实际教学情境，提出问题，学生必然暂时“放下”头脑中与此问题无关的其他问题，集中精力，积极思考，准备“应试”。因此，课堂提问有利于集中精力，集中注意力，起到组织教学的作用。

2. 教师在课堂教学中提出问题，在学生的头脑中必然引起反应，开动脑筋，组织有关的知识，准备回答问题，活跃了学生的思维。

3. 教师提问，某学生回答问题，教师必然要对学生回答的内容进行评价，或提问他人进行补充，或提问他人进行改正，或根据学生回答的问题，灵活机动地引起争论，活跃课堂气氛。

4. 教师在教学中如何突出重点，提问则是教师经常使用的方法之一。教师根据教学中的重点，精心编制若干问题，根据学生实际接受问题的水平，不失时机地提出问题，引起思考，引起争论，在争论中强化印象，在争论中引起注意，在争论中给每个学生理解与记忆提供了特殊的“符号”和背景，有助于学生消化理解重点内容。

5. 学生在回答问题时，学生的“思路”真实地、原原本本地呈现在师生面前，在这些不同的思路中，有正确的，有错误的，有思路极为清晰敏捷的，也有含混不清处于“愤悱”状态的，学生面貌各异，他们的思路也会迥然有异。这些各式各样的思路，为教师及时地提供了教师很难想到的反馈信息，为教师今后的教学提供了极好的素材。

6. 学生在回答问题时，必然有对有错，有时全面有时片面。在一个集体中学习，某一学生的观念很少代表个人，应当把它看成是一些人的观念、思路，教师应根据实际的内容，及时指明错误的根源，思维的片面之处。使学生可以及时地获得反馈信息，及时纠正学生错误的观念，为继续学习铺平了道路，从而提高学习的效率，也就是提高了教学的效率。

7. 教师提出问题以后，学生必然在头脑中组织答案，准备回答。这一过程有利于培养学生的表达能力和分析问题的能力。

8. 学生回答教师提出的问题，学生的学习水平、理解教材的实际情况暴露无遗，为听课者评价教师实际讲授的效果提供了最真实的答案。

9. 为教师诊断学生学习的困难提出了最鲜活的实例。

10. 有利于教师“捕捉”学生学习的思路。

## （二）提问时的学生心理

不同的学生对提问的态度以及心理变化是不一样的。这种心理变化受到学生对所回答问题掌握的熟练程度、表达能力、教师的人格特征等影响。当教师与学生之间的关系较为正常，教师的态度较为和蔼，对回答不理想的学生能给予耐心的帮助时，多数学生愿意回答教师提出的问题。当教师的态度较为严厉，学生不能很好地回答问题，就会受到批评或某些“处罚”时，多数学生会答也不会举手，怕答不准确而惹来莫须有的麻烦。学生越害怕教师的批评，就越紧张，越紧张学生的思维受到抑制就越答不好，这样便形成了恶性循环。学生这种紧张的程度有时会贯穿整个课堂，由于紧张而过分地消耗了更多的精力，使本来可以维持30分钟注意力的学生只能维持20分钟，给教学带来极大的损失。在这种情况下，教师不能正确对待学生的某些失误就成了影响教学质量的最主要的因素，增加学生学习的负担。教师在教学中的民主氛围可以减轻学生学习的负担。

在一般的情况下，思维活跃的学生能积极地回答教师提出的问题。部分学生由于“爱面子”，担心回答不好被人讥笑，常常不举手。老师叫就答，不叫则罢，没有主动举手回答教师所提问题的习惯。也有部分学生想回答教师提出的问题，但并不举手，面部表情有洋洋得意之感。

有部分学生答不出教师提出的问题，常表现出紧张的情绪，为隐蔽之，常常低头，至少眼睛不看教师。

无论怎样，每当教师提出问题准备叫学生回答时，多数学生常表现紧张。当教师叫起某生回答时，多数学生的紧张情绪会立刻缓解；当教师宣布提问结束时，学生的紧张情绪会立即消逝。

当教师先叫起某生而后提出问题时，多数学生感到很轻松，不能很好地思考教师提出的问题，从而也就失去了提问的意义。这是提问中的大忌。

教师应当研究掌握提问时的学生心理，利用问题既可以组织教学又能活跃学生的思维，既使其集中精力思考又不至于过分紧张，掌握这个度是提高提问质量的有效方法之一。

### (三) 提问的设计

为了有效地进行提问，教师应对提问做出周密的精心的设计。设计提问的总的原则是根据提问的目的、提问的作用，设计提出的问题等等，确定提问的对象，找到恰当的提问的时间。

一般说来，设计提出的问题一般可以从以下诸方面考虑：

1. 从检查复习的角度设计提问。
2. 从强调重点内容的角度设计提问。
3. 从启发思维的角度设计提问。
4. 从提示易混淆知识的角度设计提问。
5. 从提示大多数学生容易疏忽的知识的角度设计提问。
6. 从准备导入新课的角度设计提问。
7. 从介绍、推广某种学习方法、训练某种思维技巧的角度设计提问。
8. 从促进知识概括，提高学生学习水平的角度设计提问。
9. 为摸清学生的思路，针对学习中的典型的错误设计提问。

总之，教师应根据不同的教学目的来设计提问，应当针锋相对，目的性极强而不应该“顺手牵羊”、心血来潮随便问问而已。

### (四) 提问时教师的态度

在前文提问时的学生心理曾涉及教师的态度与提问效果的关系。提问时教师的态度与学生的正答率为正相关。凡是充满民主与和谐气氛的课堂，学生在回答问题时的紧张程度降低，回答问题几乎可以真实地代表他们的学习水平。这是因为学生的顾虑较少，答错或答得不太符合要求时，不会受到批评，教师常常会给予耐心的讲解，个人错误的思想会得到及时的纠正，且有警示作用，使记忆更加牢固，因此相当多的学生乐于回答教师提出的各种问题。

若教师平时就比较严厉，当学生“犯错误”时经常受到讽刺挖苦，当学生不能正确回答教师提出的问题时会受到不公正的对待时，学生在回答问题时高度紧张，顾虑回答不好而惹来“灾难”。在这种情况下，学生能答也会忘记很多，何况本来就不太会。此时学生回答问题的水平不能代表他们真实的水平，给教师的反馈信息是在“恐怖”下的信息。教师也常常因为学生“不会”而不得不再讲解，浪费了教学的时间。笔者曾在某校听一节课，教师提问，叫学生在黑板上写一化学反应方程式，并且严厉指出，若写错，回家写两千遍。当时课堂上极为安静，几乎没人敢大声喘一口气，更没有一个人举手。在这种情况下，教师叫一名学生到黑板上来写。为了不写两千遍，这位学生应当使出全身“解数”，一定一点也不让教师挑出错来。教室的气氛是紧张的，安静的。笔者在为这位学生捏一把汗，被这种气氛笼罩着连一口气都喘不过来。稍过片刻，学生写完了。教师和学生在一起，评价答案对错。教师先问，哪位同学回答，黑板上的答案有没有错误？教室静悄悄的，无一人出声，教师看到无一人发言，便觉得大家都看不出来，都不会，指出其中一点错误（元素符号写得不规范）。然后令学生写两千遍第二天交到办公室，又在课堂上针对错误大讲特讲一番。笔者当时看到周围的同学们全都写对了。教师此时的态度、此时的做法严重影响了提问的效果，更伤害了师生之间的感情。

由以上事例可以看出，教师提问时的态度（慈母般的、慈父般的、法官式的）以及教师的人格特征对提问的效果有显著的影响。

### （五）提问对象的选择

提问对象的选择是指教师根据教学的情境，提问哪些学生能使提问达到最佳教学效果。有经验的教师对提问的对象总是精心地选择。确定提问的对象是根据不同的教学目的，设计不同的问题，有的放矢地选择不同的对象。

若提问的目的是要检查课堂教学效果，调查刚刚讲过的新知识大多数学生是否听懂了并掌握了其中的要点，一般应提问中等生或中下等生。若中下等生可以或基本可以回答教师提出的问题，证明全班约 70% 的学生可以掌握教师讲授的知识。若中等生不能正确回答教师提出的问题，教师应考虑怎样弥补约 50% 的学生不甚理解的缺欠。

若提问的目的是暗示不注意听讲思想溜号的学生，那么最好的办法是提问“当事人”，或者是“当事人”前后左右的学生，以示提醒，引起注意。

若提问的目的是想了解班级里是否有学生可以解答某一难题，测查班级最高学习水平，此时可提问成绩最优秀的学生。

若提问的目的是为了澄清某些易混淆的概念，教师可以提问具有代表性的几位概念模糊不清的学生，让他们充分谈出自己的看法，引起全班学生的争论。教师在争论中加强引导，在辩论中澄清模糊认识，加深对概念的正确理解。

教师应当根据教学的情境、提问的目的与作用，精心选择被提问的对象，提高提问的效果，切忌不可“信手拈来”，更不可总提问自己喜欢的学生，否则就失去了提问的意义。

### （六）提问时应注意的问题

1. 教师一次提出的问题不宜过多，否则学生记不清楚提出的问题，也就不能在思想中很好地准备，就失去了提问的意义。笔者曾听过某教师的一节课，他一次向学生提出五个问题，提出问题时讲话速度之快，难以想象。并且刚刚说完立即叫学生回答。学生站起来后，不得不问教师：“您提的第一个问题是什么？能不能再重复一遍，我没记住。”在这种情况下，提问几乎成为浪费教学时间的一个多余的活动。

2. 教师不应该先叫起一名学生，令其准备回答问题，然后再提出问题。这样做，一方面会使其他学生误认为提问是针对站起来的这位学生，其他人听不听没什么关系，从而产生了“安全感”，导致大部分学生对提问漠不关心，另一方面也会使被提问的学生感到突如其来的紧张，以致不能真实地反映出学生的实际水平，失去了提问的意义。

3. 学生在回答教师提出的问题时，教师应当认真地听，仔细地听

（若是板书应当仔细地看），千万不能盲目地肯定或否定，否则会造成不良的影响。因为教师肯定或否定学生回答的问题，实际上是在向全班学生宣布这个问题的标准答案，因此教师在回答问题时应格外小心谨慎。一般说来，某学生在回答问题以后，教师可先请学生进行评价，然后再由教师做最终“判决”，这样既可以调动学生的积极性又不至于使教师陷入某种被动的局面。

4. 教师的提问不应集中于某几名学生。否则，将是对其他学生不负责任的做法。教师每次提问都集中在某几个学生的范围内，其他学生几乎不会去想教师究竟提出了哪些问题，若提问我，我将怎么回答。因为回答问题已被几名学生“承包”了，这样就完全失去了提问的意义。久而久之，部分学生将会产生反感，造成学生与学生、教师与学生之间在感情上出现裂痕，甚至造成对立，严重影响教学效果。

5. 教师在课堂上只追求提问的数量而不讲究所提问题的质量是毫无意义的。有些教师却反其道而行之，追求提问的数量，一会儿提问一个乃至几个，一会儿他站起来，一会儿又有别人在黑板上答题，表面上看，课堂上好像“轰轰烈烈”，非常活跃。而实际上，所提问题水平极低，有的根本不屑一提。这种只搞花架子而不做实实在在的工作，在课堂上使得人心浮动，破坏了安静学习的环境，实质上浪费了很多宝贵的时间。这种做法应当彻底批判，绝不能叫其任意泛滥。这种教学实际上是提问式注入式教学、“花架式”教学，浪费时间的教学。

以上所提到的仅是教师应当注意的最起码的问题。如教师提问不应当提问学生回答“是”或“不是”、“对”或“不对”之类的问题，这些问题也是教师应当注意甚至是忌讳的问题。

### （七）对问题的分析

对教师所提问题的分析，是分析提问水平的重要依据。没有高质量的、适合教学情境的问题，教师应用提问的方法再熟练，恐怕也不会达到好的教学效果。

对问题的分析或者说是对问题水平的分析，目前尚无统一说法。笔者根据不同的分类方法，从不同的角度着眼，提出几种分析问题的方法，以供参考。

1. 根据布鲁姆对问题的分类分析问题，将问题分为六类，即：

①记忆的问题；

②理解的问题；

③应用的问题；

④分析的问题；

⑤综合的问题；

⑥评价的问题。

2. 在我国教育界应用较广的一种方法是将问题分为四类（实际是“改造”的布鲁姆分类法），即：

①记忆的问题；

②理解的问题；

③简单应用的问题（含 1~2 个知识点）；

④综合应用的问题（含 3 个或 3 个以上的知识点）。

3. 根据学习的水平，将问题分为五类，即：

①记忆水平的问题；

②理解水平的问题；

③融会贯通水平的问题；

④概括水平的问题；

⑤创新水平的问题。

4. 根据所述问题的内容，可以将问题分为四类，即：

①判别性问题（回答对与错）；

②叙述性问题（回答“什么”）；

③述理性问题（回答“为什么”）；

④扩散性问题（回答问题具有发挥性）。

此外，还有多种分析问题的方法，如客观性问题、主观性问题等，不一一赘述。

## （八）对提问法的评价

提问是教学中应用最广泛的一种方法。它是启发式教学的方法之一。教师若能正确地运用提问法，将会给教学带来很大的裨益。否则，教师只顾提问的数量，而不注意问题的质量与提问的方法，对教学无益或是有害的。其最大的问题是浪费了教学的时间，打破了课堂踏踏实实学习的气氛。

如何利用问题，使学生感到“惊奇”，激发学生有效的思维，突出教学目的，指导学生学习的方向与方法，乃是提问最根本的目的。

利用提问法，向每个问题要教学质量，是教师应当掌握的提问艺术。

凡是有质量的教学，都会减轻学生学习的负担。用提问减轻学习负担，是教学中的重要问题。

人们应当看到，增加学生过重的课业负担，就课堂教学而言，是由多种因素构成，有时在一点一滴减轻，有时又一点一滴加重。

教师的优质教学，在教学中会一点一点地减轻学生学习的负担，“不积跬步，无以至千里；不积小流，无以成江海”，恰恰是教师的精准教学，有质量的教学，在无声无息地减轻学生过重的学习负担。

学生的学习负担是一点一滴加上去的，需要一点一滴地减下来，这是减轻学生过重课业负担的长久办法，也是必须做好的方法。

人们在分析问题时，不能只见森林，而不见树木，只见树干，而不看树叶，解决大的问题，常常从解决小的问题入手，解决无数个小的问题，为解决大的问题奠定了基础。

## （九）向提问要教学质量——面对面

1. 课堂教学的提问是教师教学水平的一种表现形式吗？是教师基本功又是教师素质的一种表现形式吗？

2. 课堂教学中的提问有“大学问”，学问体现在哪里？

3. 精心设计提问的问题是教师责任心的表现吗?

4. 精心设计提问是教师备课水平的表现形式吗?

5. 精心设计提问是教师教学经验的表现形式吗?

6. 教师精心设计提问怎么能减轻学生的学习负担?

7. 如何利用提问减轻学生的学习负担?提问是怎么减轻学习负担的?妙在何处?

8. 提问是教师素质的表现形式，如何向提问要教学质量?

## 九、向例题要教学质量

在教学的过程中，教师为了更清楚地阐述某一道理、某一规律、某一公式、某些学习方法、思维方法、提高学习的水平时，常常需要举例说明。当所举的事例为某一类型的习题时，称这样的习题为例题。例题在教学中具有重要作用。在课堂教学中，例题的质量与数量，是评价教师课堂教学的重要内容。因为它体现了教师备课的质量，体现了教师研究教材的水平，体现教师教学的水平等，同时也体现了教师传授知识的技能与艺术，是教师教学能力的具体表现形式。

### (一) 例题在教学中的主要作用

例题在教学中具有多功能的作用。教师举一，学生才能反三。它可以促使学生对知识的深刻领悟；也可以使学生对某些问题顿开茅塞，豁然开朗；还可以对所讲的新知识进行“阶段性实质性”的总结，例题是教师多种素质的反映体。

**1. 桥梁作用**

通过例题的引入，给学生在已经掌握的知识和刚刚学到的新知识之间架起一座桥梁。通过桥梁的引入，使理论与实例便利结合，使学生能利用已有的知识来理解新知识，并加深对新知识的理解。有“百闻不如一见”之功效。

**2. 巩固作用**

通过例题的引入、讲解和练习，学生要动用刚刚学到的新知识进行思考、练习，最后达到解决问题掌握新知识的目的。学生在思考练习的过程中，是新知识在头脑中消化吸收并得到强化的过程，有利于巩固所学的新的知识。

**3. 检验作用**

通过例题的引入、讲解和练习，学生必然要运用所学的新知识竭尽全力想方设法完成练习。学生在这一练习的过程中，必然会反映出能解决什么问题和不能解决什么问题，哪些问题答对了和哪些问题答错了，会什么或不会什么。对学生而言，检验他们哪些知识听懂了、掌握了，哪些知识离要求尚有距离。针对教师而言，则检验哪些知识教明白了、学生基本掌握了，哪些知识尚需进一步细致地讲解或加强练习。为老师的教学提供了及时的反馈信息。

**4. 强调作用**

通过例题的引入和练习，强调教学中的基本点，突出教学中的重点，突破难点。通过例题设计，布置“陷阱”，强调并厘清在解题中易出现的错误。

**5. 提高作用**

通过例题的引入和练习，教会学生解题方法、思考问题的方法和学习方法等，促使学生逐步完成举一反三、由例及类的学习，从而提高学生综合学习的能力，最终达到提高学习水平的效果。

### （二）选择例题的一般标准

**1. 紧密性**

紧密性指教师所举例题与教师授课内容之间应紧密相连，直接为授课目的服务。紧密相连对学生有“现买现卖”之感，但却可以起到“趁热打铁”省工省时的作用，还可起到及时强化、为后面的学习扫清障碍的作用。

**2. 典型性**

典型性指例题能很好地代表教师所讲授的一类问题，能很好地达到教师的授课目的，推动学生举一反三、由例及类的学习。通过典型题的讲授与练习，学生可以较为顺利地掌握新的知识。通过解剖“麻雀”，达到由例及类、“由表及里”、触类旁通的学习目的。

根据不同的教学目的应选用不同的典型例题。在选择例题时，一般应当考虑以下诸方面的问题：

（1）能较好地体现所授的新知识或新技能，使学生能较好地理解和应用。

（2）介绍解题方法、思考问题的方法。

（3）介绍学习方法。

（4）培养学生的能力、技能技巧。

（5）为纠正多数学生错误而精心设计的针对性很强、能暴露学习中问题的例题。

（6）弥补学生在知识、技能、方法等方面的缺欠。

（7）突出教学中的重点，强化基本点，突破难点。

（8）提高学生的学习水平，进一步促进知识的系统化、概括化。

**3. 相称性**

相称性指教师引入课堂例题的水平，应当根据学生的实际水平而定，不能以教师的实际知识水平或教育部门要求的水平而定。以教学目的，学习水平定例题。任何脱离学生实际水平的教学都是事倍功半的教学。

### （三）例题的分类

根据讲授例题的目的，一般可以将例题分为以下诸类：

1. 理解性例题：其目的是使学生加深对知识的理解，突出关键点，点明知识点。

2. 巩固性例题：其目的是巩固学生所学的知识，强化印象。

3. 复习性例题：其目的是复习学生所学的知识，使其进一步熟练，达到融会贯通。

4. 检查性例题：其目的是检查学生对所学知识掌握的情况，为师生双方提供反馈信息。

5. 启发性例题：其目的是通过例题的练习，对学生某一方面的学习有所启发（解题思路、学习方法、科学方法等），从而使学生能较为顺利地解决类似的或更复杂的一些问题。

6. 训练性例题：其目的是侧重训练学生解题某方面的技能、技巧，培养某方面的能力。

7. 指错性例题：其目的是针对学生在学习中存在的问题，在例题中布置“陷阱”，叫学生“上当”（犯错误），教师根据学生在此类问题上所犯的错误，给以正确的解释，从而达到改正错误的目的。

8. 综合性例题：兼顾上述多种功能的例题。

说明：

上述对例题的分类纯粹为了叙述方便，教师可根据不同的授课目的、不同的教学情境，设计出多种多样的不同类型的例题。

### （四）编制例题的一般方法

例题不只限于课堂讲授或练习之用，也可放在家庭作业之中。

例题不只限于一题，它也可以是若干题组成的习题组。

编制例题的方法很多，一般可以从以下诸方面考虑：

1. 例题的主要作用；

2. 选择例题的标准；

3. 例题的分类；

4. 编制习题组。

编制习题组还可以从以下几方面考虑：

（1）利用程序练习题编制习题组。

（2）为巩固某一知识、技能技巧，将同一类型题汇集在一起，编制习题组，提高学习水平。

（3）为总结某一类知识，将涉及到的有关知识的不同类型的习题汇集在一起，编制习题组。

（4）为培养学生某一科学方法或学习方法，将涉及到这类知识的不同习题汇集在一起，编制习题组。

（5）为突出某一重点，提高学生的学习水平，将涉及到的有关知识的不同习题汇集在一起，编制习题组。

（6）为培养学生某些能力，将涉及到的有关习题按一定的顺序编排好习题组。

（7）编制习题组，使学生的学习水平得到进一步强化与提高。

### （五）例题设计的艺术

例题设计的艺术指：

**1. 时机设计**

时机设计指教师在课堂教学中，何时“拿出”某道例题或例题组最合适。是刚刚讲完新课后马上就让学生练习，还是在总复习时练习？总之，教师为学生设计的例题，不管是学生练习还是教师讲解，安排的时间要恰当，使学生学习的水平得到及时强化与提高。

**2. 难度设计**

难度设计指教师在为学生选择例题时，例题的难易程度要恰当，太难或太易都是不合适的，都脱离了学生实际的学习水平，会白白地浪费掉很多时间。一般说来，难度较大的例题以教师提示性讲解为好，较易的例题以学生自己练习为好。全班共同存在的问题，以讨论的形式，大家在讨论中思辨，在讨论中得到强化。

**3. 题量设计**

题量设计指教师在课堂上安排的例题数量要恰当。首先要保证质量，所举例题确实能起到例题的作用，在保证质量的前提下才能有数量，没有质量的数量是对教学不负责任的表现。教师在课堂上安排的例题的数量要适宜，过多常常有讲不完或“走过场”的可能，太少又不能达到授课的目的。它要求教师根据知识的难度和学生的实际水平，以最优化练习设计题量。最优化练习是教师所讲解或学生所练习的题量最少，教师和学生所花费的时间和精力最少，而获得的效果最好。

**4. 方式设计**

方式设计指教师在课堂上安排的例题以何种方式传授给学生，是教师讲解还是学生先练教师后讲，还是采用其他别的方式，教师应当根据具体的教学情境酌情而定。

总之，例题设计的艺术是以优化教学为目的，它要求每位教师在课堂上所举的任一例题必须小心谨慎，精雕细刻，绝对不可以只凭教师个人的兴趣和爱好不顾主客观条件盲目地讲授或练习。

教师的一份设计，就会得到一份收获；一份精心，获得一份效益。优化教学不是教师凭空设想的产物，更不是一句时髦的口号，它要求教师的工作精益求精，谨慎思考，周密策划，灵活机动，要求教师向每一道例题、每一次教学安排要教学质量，从而降减学习的难度。

### （六）讲解例题时应当注意的问题

例题一般由教师在课堂上讲解。当教师“解剖麻雀”之后，学生继而练习若干习题。但也有不少教师先把例题当作习题，待学生练完之后，再由教师进行分析、评价。不管采用何种教学方式，教师必须做最后的讲解，只有这样才能取得较好的教学效果。教师在讲解例题时，应当注意（考虑）以下诸多问题：

1. 教师在讲解正确、表述清晰的基础上，更要注意讲解解题思路（为什么这样想、想什么、怎样想）和解题方法，根据学生的学习水平尽量总结、概括，促进知识的系统化、概括化、结构化，注意以典型促类型的教学，提高学生的迁移能力。从某种意义上说，利用例题进行以典型促类型的教学是例题教学的灵魂。

2. 尽量采用比较的方法，区别与例题易混淆的有关知识，明确它们之间的相同点和不同点，强化印象，以防止负迁移。

3. 在讲解例题的过程中，要营造民主气氛，鼓励学生发表不同的意见，培养学生求异思维的能力。

4. 教师应注意收集典型的解题思路（正确的或错误的，收集不同学习水平学生的思路，要特别注意收集极简捷的解题方法或极典型错误的解题方法）并及时地记录下来。这些思路都是教师备课的依据，也是教师积累教学经验最好的材料，为培训教师提供了极好的原材料。

5. 在注意“一题多解”培养学生求异思维的情况下，不要忽视“多题一解”求同思维的培养。要充分利用例题和例题组，培养学生抽象概括的能力。笔者更提倡对学生抽象概括能力的培养，因为概括的知识更容易实现迁移，它是培养学生能力的有效途径。

6. 利用例题，复习旧知识，学习新知识，利用新旧之间的关系，将知识有意识地“穿线”“组块”，促进学生良好知识结构的形成。

7. 例题讲毕，教师最好再理一下思路，突出一个思路或批判一个典型错误思路，使之在学生的头脑中形成烙印，增强记忆力，减少遗忘。促进学生提高学习的水平。

例题常常是学生学习的一把钥匙。其能“开锁”的能力在于例题能理论联系实际、联系实例、联系实用，在理论与实践中架起了一座“认知桥梁”。例题能达到“开锁”的功能，是教师教学水平的具体表现。

### （七）向例题要教学质量——面对面

1. 如何充分发挥例题的功能？

2. 精选例题的标准是什么？

3. 提倡教师精选例题是在培训教师吗？

4. 为什么说例题常常是学生学习的一把钥匙？

5. 例题当钥匙，它开的是什么锁？

6. 用例题解锁的方法是什么？例题在做“给锁配钥匙”的工作吗？它比喻的是什么意思？

7. 教师有必要设置例题库吗？

8. 设置例题库是培训教师的好方法吗？是教师自己培养自己，更快进步的好方法吗？

9. 教师能给自己编写例题吗？能注明各学习因素的注意事项吗？这是教师教学的财富吗？

## 十、向习题课要教学质量

习题课是教师在讲授若干知识之后，根据实际的教学情况，为达到一定的教学目的而精心设计的专门教授（研究）习题的一类课。根据不同的教学目的，习题课亦有多种教学形式，常见的有：

1. 教师系统讲授习题；

2. 教师边讲，学生边练；

3. 教师讲授，学生练习，小组研讨，教师总结。

### （一）习题课的主要授课目的

1. 教师通过“处理”习题，帮助学生理解较难的概念、定理、定律；复习巩固所学的知识；帮助学生获得解题的技能技巧，提高学习的水平。

2. 通过教授习题，教师有目的地介绍学习方法、解决问题方法，开阔思路，促进知识融会贯通，提高概括水平，形成学生良好的知识结构，学会一些思考问题的方法。

3. 教师利用习题，针对多数学生的典型错误进行分析，起到“治疗作用”；针对多数学生易混淆的知识进行分析，起到“澄清作用”；针对多数学生没有注意到的问题进行分析，起到“预防作用”；针对多数学生感到有困难的习题进行分析，起到“引路作用”。

4. 利用习题适当补充一些教学内容，扩展学生的知识面，培养、巩固、提高学生的能力。

5. 利用习题，阐明知识之间的内在联系，使学生有效地形成知识点、知识链、知识网，强化理解与记忆，形成学生良好的认知结构、知识结构，培养学生的学习方法、思维能力，促进智力的发展，培养学生解决实际问题的能力。

6. 加强师生、生生之间思想的沟通，教与学思路的碰撞，交流思想，促进互相学习。

7. 促进学生“由例及类”的学习，提高教与学的水平。

8. 进一步促进知识的系统化、概括化水平，提高学生的创新能力。

9. 教授或介绍学习的技巧，以提高学习效率。

### （二）习题的选择

教师根据授课目的和学生的实际问题来精心选择习题。选择习题时一般要考虑以下诸因素：

1. 有利于加强基础知识和基本技能。

2. 突出教学中的基本点、重点、难点和关键问题。

3. 有利于帮助多数学生搞清没有学会的知识或技能，警示多数学生忽略的知识，弄清多数学生混淆不清的知识。

4. 有利于培养学生的解题方法，介绍科学的学习方法，培养思维能力。

5. 有利于培养学生学习兴趣、激励学习动机、培养能力结构，塑造学生良好的知识结构，提高学习的水平。

### （三）介绍与教授学生主要的学习方法

学生应根据教学的情境与自己学习的情况来决定优化的学习方法，一般而言，如下方法可供参考：

1. 教师在习题课上讲的习题是针对性较强的典型习题，注意听讲，认真记录，弄懂并深刻理解教师讲的所有习题。

2. 收集典型习题，收集解题技巧。

3. 针对学习中的弱点，有的放矢地“对症取药”。

4. 学习分析问题的思考方法，培养分析问题和解决问题的能力。

5. 促进知识进一步系统化、概括化，促进知识融会贯通，努力提高学习水平。

6. 注意对“一题多解”和“多题一解”的训练。这是检验学习效果，也是训练思维的好方法。它是在同一本质下呈现的不同表现形式。

### （四）向习题课要教学质量——面对面

1. 习题课有什么功能？如何发挥其最大的功能？

2. 如何利用习题，促进知识结构的形成？

3. 如何利用习题，促进知识融会贯通，提高教与学的水平？

4. 如何利用习题，收集学生学习的思路？教师如何利用这些思路？

5. 如何利用习题，培养学生的学习方法、思维方法、抽象概括的能力？

6. 教师如何选择典型习题，并发挥典型习题的多功能的作用？

7. 习题课是一种综合课，如何理解“综合”二字？

8. 有的学生将教师在习题课上讲（练）的习题，确定为考试中的重点习题，在纠正这种思想的同时，如何强调教学中的重点？

9. 如何利用习题课，促进学生学会学习？

10. 习题课选择的习题，应有特殊的功能，就要有特殊的特征，这些特征往往表现在“精选、典型、综合”上吗？问题要来自实际，又服务学生实际，对吗？

11. “精选、典型、综合”可以看成是选择习题的基本原则吗？

12. “精选、典型、综合”的习题，在提高学生的学习水平吗？

13. “精选、典型、综合”的习题，在推动和启发学生完成举一反三、由例及类的学习吗？

14. 针锋相对地选择学生错的典型题，是教师备课的好方法吗？

# 十一、向电化教学要教学质量

电化教学是新兴的一门教育学科。电化教学实际上是利用各种各样的教学机器辅助教学。电化教学以视听教育理论、学习理论、传播理论、系统科学理论、认识论等为其主要的理论基础。电化教学在现代课堂教学、实习教学、实验教学中占有相当重要的地位。随着科技的发展，必将发挥更大作用。

有学者称传统电化教学为电化教育、数字教育、信息技术、教育技术等不同的名称。有学者认为电化教学、电化教育是教育技术的一部分，用教育技术一词更为准确。本书仍采用电化教学这一概念。

## （一）电化教学

关于什么是电化教学，目前尚存在争议，这也是文科概念的特征。笔者认为，在教学的过程中，利用现代科学技术成果，采用多种能储存、传递声像等教学信息的媒体，用先进的教育方法，控制教学过程的信息，以获得最优教学效果的教学，可称为电化教学。在我国课堂教学中，电化教学常常指教师利用幻灯机、投影仪、电影机、闭路电视、互联网、电脑以及层出不穷的各种各样的教学机器等进行的辅助教学。

## （二）电化教学基本的原则

电化教学是教学的一种形式，属于教学的范畴，因此教学原则也适用于电化教学。由于电化教学有别于传统的教学，因此有其特殊性，有其自身的教学原则。目前电化教学的基本原则可以概括为以下几条：

**1. 目的性原则**

电化教学的目的是取得最佳教学效果，这是电化教学的灵魂。采用电化教学完全是为了提高教育质量，而不是为了搞花架子，给别人看。只有在电化教学的效果优于其他教学方法的效果时，使用最佳。当教师用讲授法获得的教学效果与使用电化教学的效果一样时，就没有必要使用电化教学。如计算机在屏幕上仅仅显示教学程序即传统的板书，这样的板书效果远不如传统的板书。

**2. 教育性、科学性、技术性与艺术性有机结合的原则**

在教学中使用的电化教学的媒体，在编制与运用的课件，必须符合科学性与教育性。恰当地运用艺术性，增强学习兴趣，集中学生的注意力，充分调动学生的积极性与主动性，提高教学效果。

**3. 教学效果与经济效益相结合的原则**

效果与经济是相互联系的，只看教学效果而不顾经济效果是不正确的。在使用电化教学时，应使教学效果达到最优，人力、物力、财力等花费最少，用最短的时间能高质量地完成教学任务。

**4. 反馈性原则**

在电化教学的过程中，要控制教学过程的各种因素，对反馈的信息及时进行调节，才能取得最优的教学效果。在教师讲授、学生听课的教学中，教师容易收集学生在听课时的反馈信息，但在电化教学的过程中，常常是机器出面讲课，而教师与学生面对面的信息交流相对减少。在电化教学的过程中教师应想尽一切办法收集学生学习时的反馈信息，及时调整教学。

### （三）电化教学的主要优点

1. 有利于提高学习的兴趣。

教师在教学的过程中，利用幻灯、电影、电视、投影仪、计算机互联网、各种各样层出不穷的教学机器等进行教学，能为学生提供各种生动逼真的声像材料，富有生动性、趣味性、感染性，有利于提高学习的兴趣。

2. 有利于学生掌握知识。

教师采用电化教学，可以为学生展现教师不易讲清、实验不好做、学生不好想的一些情境与画面，丰富教学内容，扩大知识领域，常常可以为学生理解抽象的材料提供直观的图像，因此使“看不见摸不着”的知识能清晰地呈现在学习者的面前，有利于学生掌握知识。

3. 有利于学生能力的培养。

教师采用电化教学，常常可以为学生提供在一般传统教学的环境中不能呈现的情境，使学生的视野扩大，手臂增长，感官灵敏，从而有利于培养学生的注意力、想象力、观察力、记忆力和思维能力，提高学生分析问题、解决问题的能力，达到培养学生能力的目的。

4. 节约教学时间，提高学习效率。

教师在课上做演示实验，由于各方面条件的限制，常常要巡回演示，浪费很多时间。使用投影仪等现代教学手段，常可以起到节省实验次数、节约教学时间的效果。

5. 有利于因材施教。

教师采用幻灯片、录像片等教学机器进行教学，可以反复播放，从不走样，便于自学辅导、因材施教。

6. 有利于提高教学水平。

利用电化教学手段，可以适时播放最优秀的教学片，为学生提供最优秀的教育资源，有利于提高教学水平。

7. 便于教师向优秀教育资源学习，提高教师的素质和能力。

8. 教学内容便于转换，剪切、复制，优化教学内容。

9. 可以很好地节约教师备课时间，提高教师的教学能力。

### （四）电化教学容易产生的问题

1. 电化教学费用较高，教学辅助人员较多，实施的过程中条件要求较为苛刻。

2. 利用幻灯机、电视机、计算机等多媒体进行教学，人机不能进行感情交流，教学机器不会“笑”，不利于师生情感交流，不利于教师人格特征对学生人格特征的影响。

3. 不能灵活处理教学中遇到的问题。

### （五）要正确评价电化教学在教学中的应用

1. 有些人认为，某教师在上课时使用了电化教学，这位教师对教学方法就进行了改革，并且一定能取得好的教学效果。这种看法是不对的。在评价教学效果的时候，不能只看教学形式，而应着重看学生掌握知识的情况，在某种情况下使用电化教学的效果不如学生讨论的效果，不如教师讲授的效果。如投影仪不好用、光源不足、教师在投影仪上演示实验所用的仪器不符合投影要求、室内光线过亮，等等，都会严重影响投影的效果。在这种情况下的投影实验远远不如教师常规的演示实验。

2. 有些人认为，能使用电化教学的地方尽量使用。这种看法和做法也是不对的。在教学中是否使用电化教学，不决定于能不能用，而决定于使用电化教学的效果是否能达到最优。当使用其他简便的教学方法与电化教学达到的效果一样时，就不要用电化教学，因为使用电化教学不符合经济的原则。

3. 某些教师在评价课时，常常看授课教师是否使用了电化教学。这样评课的标准也是值得讨论的。教学中是否采用电化教学，如同选择教学方法一样，受到各方面条件的制约，教师在综合考虑各种教学因素以后，决定是否采用电化教学。如果把是否采用电化教学作为评课的一条标准，评课的标准也应适当地加以修改。

4. 在使用电化教学传递某些信息，翻转不宜过快。因为它不像传统板书那样能在黑板上留着。学生可以边看边想边学，延长教学效果。

### （六）向电化教学要教学质量——面对面

1. 什么是电化教学？有必要明确电化教学这一概念的内涵和外延吗？

2. 电化教学的优势是什么？电化教学容易带来的问题是什么？如何“趋利避害”？

3. 电化教学对教师的素质提出了什么要求？

4. 电化教学对学生的素质提出了什么要求？

5. 电化教学的形式多样，内容多样，对教师制作电化教学的软件、课件提出了什么要求？需要教师什么“特殊”的能力？如何培养教师这些“特殊”的能力？目前做得如何？

6. 电化教学的艺术是什么？如何利用电化教学减轻中小学生过重的课业负担？

## 十二、向直观教具要教学质量

研究向直观教具要教学质量，首先要研究直观教具的定义，这是研究问题的基础。

一般来说，直观教具能为学生学习提供可以观察的实物、图形、表格、模型，或利用教育技术、各种媒体、互联网等提供的一些实物和场景等的影像。

为了把事情说得清楚一些，本书将教具分为传统教具和现代媒体教具。

传统教具主要指为学生提供的实物、图形、表格、模型。

今天的传统教具随着科技的发展和制造技术的升级，也在精确化，具有多功能等方面特征，其教育的功能体现更加明显，使用起来更加方便。

现代媒体教具指利用教育技术、各种媒体、计算机技术、互联网等提供的一些实物和场景的影像。

随着科技的发展，教学技术不断提高，教学环境不断优化，为教学服务机器的功能不断扩大，为教学提供的直观教具会越来越丰富，为学生的学习特别是学习抽象的内容更为方便。

### （一）教具的一般功能

为了把内容说得较为清楚一些，此处将教具的一般功能分为传统教具的功能和现代媒体教具的功能。

**1. 传统教具的基本功能**

（1）为学习者提供直观学具，便于学习者学习，便于理解，强化记忆，尽力减少机械学习的成分，有利于提高学习的水平。

（2）节约学习时间，提高学习效率。

（3）有利于提高学习者的学习兴趣，进一步强化学习动机。

（4）有利于提高学习者的观察能力、分析问题的能力，有利于促进问题结合实际的学习。

（5）有利于培养学生的学习方法，促进知识结构的形成。

（6）有利于学习者学习、理解所学知识的本质及原理。

随着传统教具的不断改进，还会进一步扩大其功能。随着教育技术、制造技术水平的不断提高，传统教具也会发生巨大的变化。

**2. 现代媒体教具的基本功能**

（1）为教学提供“鲜活的”实物和场景的影像，便于学习者学习，简化学习的路径，强化理解、强化记忆，提高学习效率。

（2）能够为学习者提供传统教具不可呈现的实物和场景的图像，扩大了传统教具所能提供直观教育的范围。

（3）节约了教学时间，提高学习效率。

（4）有利于创新教具、改造教具，可以训练学生创造性的思维和培养创新精神。

（5）现代媒体教具可以反复播放，反复使用，从不走样，节约教学力量。

（6）提高学习效率，减轻学生学习负担。

（7）便于理论联系实际、联系实用、联系实例，进一步提高学习的水平。

任何事物都是一分为二，有优势也有不足之处，现代媒体教具的花费较大，有些学校承受力量有限，而且需要一定数量的维护人员。

### （二）向直观教具要教学质量——面对面

1. 随着科技的发展，各种各样的教学机器层出不穷，且功能在不断扩大，如何利用好现代媒体、现代技术为学生学习提供生动的直观教学？教师具备什么素质可以完全利用好“现代媒体教具”？

2. 由于“现代媒体教具”的出现，一些传统的教具就没有用了吗？

3. 传统教具的最大优势是价格低，学生可以反复看、摸、拆、装，对否？可以强化理解与加深记忆，对否？

4. 传统教具的教学效果一定不如“现代媒体教具”的教学效果，是这样吗？有依据吗？

5. 在现有的条件下，没有必要鼓励教师自制教具吗？有些自制教具的效果会更好吗？

6. 为提高教与学的水平，有的教具不适合教学使用，因其不符合教学实际，一些学校无条件获得相应教具，有必要发动教师自制教具吗？这样既锻炼了教师又提高了教学质量吗？

7. 有时教师自制的教具其功能超过在市场上获得的教具，其道理在什么地方？在于能适合因材施教吗？鼓励教师自制因材施教的教具意义何在？

8. 在教育技术不断发展的今天，教师是否应当学习利用现代教育技术自制教具？

9. 教具的内容极其广泛，如何培养教师利用各种教具的能力？这是教师发展的方向吗？必将成为教师必修的能力吗？

## 十三、向教学艺术要教学质量

### （一）教学艺术

教学艺术是一个文科的概念，没有举世公认的一致的定义，不同的专家学者从不同的角度研究教学艺术。下文介绍若干专家、学者对教学艺术的定义或解释。

1.“少教多得”就是教学艺术。

2. 教师的教学艺术是教师在多种教与学理论指导下，应用于具体实践的结晶。

3. 教学艺术是教师在其综合素质的基础上，根据教与学的情境，创造性地利用教学中的一个或者若干个教学环节，创造性地发挥个人的能力，使教师和学生使用的时间和精力最少，而获得的效果最好的教学技巧。

4. 教学艺术是在教与学理论的指导下，结合客观实际，为达到最佳教学效果而用的方式、方法。

5. 讲究方式方法的教学，就是教学艺术。

6. 教学艺术是能达到最佳教学效果的一套方法。

7. 唐文中在他主编的《教学论》一书中这样写道："教学艺术是指师生紧密合作，充分利用教学情境中的一切条件，遵循教学规律和美的规律，创造性地应用各教学方法和美的形象，最佳地完成教学任务的活动特征。"

"遵循教学规律和美的规律"是教学艺术的"真"，使教学中减少喧嚣、烦厌和无益的劳苦，多具闲暇、快乐和进步，是教学艺术的"善"；创造性地应用各种教学方法和美的形象，是教学艺术的"美"。

8. 教学艺术是指在教育理论指导下，结合教师的个性特点，结合"学情"，为达到最佳教学效果，教师使用的一些具体的教学方式、方法。

9. 教学艺术是教师在特定的工作环境下精心安排，精心设计的教学技巧。

10. 教学艺术是教师在多种理论特别是认识论、教与学的理论指导下，教师根据自身的教学经验，根据学生的具体情况及所学的内容，精心设计的教学技巧，使学生有少教多得的效果的一些具体的教学方法。

11. 讲究方法提高教学效果的教学，就是教学艺术。

12. 教学九艺出自于王鉴清所著《智力、人才与教学》。书中写道：

善教者善察；

善教者善谋；

善教者善导；

善教者善喻；

善教者善比；

善教者善言；

善教者善疑；

善教者善点；

善教者善防。

13. 教学艺术指教师上课的技巧，其中包括组织教学艺术、讲解艺术、表演艺术、语言艺术、教师的风度等。

14. 在教学的过程中，善于把：

复杂问题简明化；

深奥问题通俗化；

抽象问题形象化；

零散问题系统化；

一般问题概括化。

这是教学艺术的概括性表述。

15. 善于抽象、概括、总结就是教学艺术。

16. 教育工作中的技巧就是教学艺术。

17. 使受教育者容易接受、减少学习困难、提高学习效果的教学技巧。

关于教学艺术，还可举出若干不同学者的不同定义或解释，任何一个定义或解释都是为研究教学艺术做出的贡献，对教与学都有很好的启发和教育的作用。

任何事物都是在交换思想中互相得到启发。

### （二）教学艺术的主要特点

1. 教学艺术在教学中处处存在。

2. 教学艺术没有固定的模式。

3. 教学艺术是在教与学等多种理论的指导下，教者根据“学情”，创造性教学的一种表现形式。

4. 教学艺术是不可模仿的艺术。

5. 教学艺术，因人而异，因事制宜。

6. 教学艺术，提高教与学的效率。

7. 教学艺术可应用于各种不同的场合，它降低学习的难度，提高学习的水平，节省学习的时间，减轻学习的负担。

由教学艺术的特点可知，教学艺术具有普遍性、灵活性、理论性、创造性、艺术性、综合性等若干特性，并且是若干特性根据教学实情巧妙的融合。

普遍性：表现在各个教学环节都可以存在。

灵活性：由于学习的内容、学习的环境、学习的形式、学习者的素质等都在变化，要求教者能随变化而变化。

理论性：理论来源于实践，理论高于实践，理论指导实践，理论具有普遍性的品格。教学艺术是理论指导下的具体实践的表现形式。

创造性：教学艺术要根据变化的形势而变化，在变化中，体现教师的创造性。

艺术性：教学中的艺术性常常体现在教学的技巧上，巧在教师和学生学习使用的时间和精力最少，而获得的效果最好，巧在“真善美”上。

综合性：使用教学艺术，涉及的学科知识与技能等综合，要求教师的素质综合。

### （三）教学艺术是教师多种信息的反映

教学艺术反映教师的主要信息是：

1. 教师对学习理论、学习规律认识的水平。

2. 教师对教育理论、教育规律认识的水平。

3. 教师的基本素质对认知理论等有较好修养，并能应用于教学实际的水平。

4. 教师的责任心。

5. 教师对工作认真负责的态度。

6. 教师对所授理论掌握的熟练程度。

7. 教师对教学方法的优势掌握水平及使用的熟练程度。

8. 教师掌握“学情”的水平。

9. 教师掌握学生心理、认知的水平。

10. 教师教学的水平。

11. 教师对理论的钻研水平及其概括能力。

12. 教师掌握学习方法的水平。

13. 教师掌握科学用脑的水平。

14. 教师对相关学科相关理论认识的水平。

15. 教师对现代科学教学机器的使用水平。

教学艺术是教师多种信息的反映说明，用好教学艺术，要求教师应当具有相应的素质。这是对教师的要求，也是培训教师的一种方法。

教学艺术不是整体的教学方法，但却渗透于各个教学环节之中。

教学艺术对学生的学习而言，第一是减学习的“数量”，第二是减学习的“重量”。教学艺术除了能减少“二量”之外，还应当有降低学习难度的功能，提高教与学的效果的功能，是提高功率的有效方法。

教学艺术影响学习艺术，教会学生学习的艺术，两种艺术的结合，起到减负的目的。

### （四）教师课堂教学经常用到的教学艺术

#### 1. 语言表达的艺术

（1）教者口齿伶俐，语言丰富，表述清晰，表达形象，当教学中的直观教具受到限制时，常常能为学习者提供“语言直观”，虽然没有实物呈现在学习者的面前，但是通过教者的描述，能引起学习者的回忆、想象，勾画出实物的轮廓，学习者仿佛在脑子里真正“看”到实物一样。讲课中运用语言准确、精练，逻辑性强，能融科学性、知识性、趣味性于一体。通过教师语言艺术的感染，使学习者在轻松愉快的情绪中听课，常常把听课当成一种享受。

（2）教学的过程是一个移情的过程。教者善于在教学中把自己的激情通过语言转移给听课的学生，通过语言的感染，激发学生的学习兴趣，增强其责任心和义务感，鼓舞学习斗志，增强克服困难的勇气和决心，培养学生的意志品质。

（3）教者善于用语言组织教学，善于用语言组织学生的注意力，善于在学生注意力最集中的时候把教学中的最主要的问题提出来，叫学生去思考、去分析、去理解、去应用，把学生所学的知识在听课的当时就能深深地印在学生的脑海之中。

（4）教者讲话的声音大小适中，速度适宜，抑扬顿挫，富有感染力，使学生听得入耳、入情，使学生很乐意听教师讲课。教者能理解学生、了解学生，了解学生的思维过程，能用学生易懂的语言在学生原有知识的背景上把新知识讲得明白、透彻。

（5）教者讲话富于幽默感和戏剧性，常常给听课者带来一种轻松愉快的感觉。但也绝不是为幽默而幽默，为取乐而取乐，华而不实，哗众取宠。把课搞得庸俗，影响教学效果。

（6）教者善于把抽象不易懂的知识用语言讲得具体，又善于把具体的知识升华，提高知识的概括水平，从而有意识地影响学生的学习水平。

（7）善于用语言表达突出重点。

教师语言表达的艺术，是教师最基本的教学艺术，它的最大优势是：学生听得清，听得津津有味，提高学习的兴趣，集中学生的注意力，提高用脑效率，从而减少学生适量的学习负担。

**2. 架设认知桥梁的艺术**

认知桥梁也称之为组织者。所谓认知桥梁是先于学习任务或后于学习任务，教师在教学中精心设计的一种引导性材料。认知桥梁可以是一个事例，也可以是一段陈述性的知识；可以是一道习题，还可以是一个故事，也可以是一个恰当的比喻……它既可以放在导言之中，也可以放在讲课的结尾。材料的抽象性、概括性和综合性的水平可以高于所学材料，也可以低于所学材料的水平。通过认知桥梁的引入，它可以在学生所学过的知识和将要学习的知识之间架起一座“桥梁”，这座桥梁在学生的学习中起到平坡、引导、向导、介绍的作用，帮助学习者引起恰当的回忆、恰当的联想、恰当的思考，帮助学习者在自己认知结构中建立起与新的学习任务紧密相连的“认知地图”，提供对新知识来说最佳的固定点，从而使学习者在已有知识的基础上通过认知桥梁轻松愉快地把新知识学到手。教者能不能适时、适当、恰如其分地引入认知桥梁，是教师教学艺术的差异所在。教师要能做到这一点，就必须非常熟悉所授学科的知识体系，学生常在什么地方“卡壳”，什么地方“迷路”，什么地方疏忽，什么地方混淆；要求教者非常熟悉学生的知识基础，熟悉学生的知识背景，熟悉学生的思考方法，熟悉学生的学习方法。只有这样，才能给学习者在已知和未知之间架起一座最适合学习者学习的认知桥梁。

架设认知桥梁的艺术的最大优势是有效组织学生头脑中的有关知识，降低学习的难度，增强对新知识的理解与记忆，促进知识的融会贯通，有效促进知识结构的形成，有效地培养学生的思维方法和学习方法。

**3. 指点的艺术**

教师指点指“画龙点睛”，可以用学习的方法、思维的方法、促进知识结构形成的方法、促进知识概括提高学习水平的方法点等。

教师指点指“点穴”，点“要害”，点“节骨眼”的问题，点“解渴”的问题，针对不同学生的问题，实施不同的“点金术”。

教师指点是学生学习最需要教师帮助的时候，这一帮助常常起到“顿开茅塞”的作用，使学生豁然开朗，马上对知识有深刻的理解。

**4. 利用演示实验的艺术**

（1）教师善于利用演示实验，能充分发挥演示实验的作用，提高演示实验的质量，从而达到提高教学质量的目的。

（2）教师在课堂教学中安排演示实验的“位置”（指教学过程中安排实验的教学程序）合理，演示时间长短适宜，现象明显。

（3）教师善于利用演示实验，设置疑团，提出问题，把学生引入“愤悱”状态，培养学生的思维能力和观察能力。

（4）教师善于利用演示实验，建立概念，验证定理，传授知识，为学习者提供生动的直观事实。

（5）教师善于利用演示实验，通过自己娴熟、规范、优美的操作，培养学生的技能技巧、科学态度并使之学会一些科学方法。

（6）教师善于提高实验的教学水平，能够有效地利用个别或数量较少的演示实验，较好地完成“由例及类”（通过一个或几个实验，使学生会一类实验）的学习，使学生掌握实验操作的基本原理，逐步达到概括水平的教学（针对学生而言，则为概括水平的学习）。

（7）教师善于利用演示实验，培养学生的学习兴趣，激发学习动机，使其乐于学习，善于观察，在学习中充分发展自己的智力。

教师利用演示实验的艺术，推动学生手脑并用，理论联系实际。教师娴熟的演示实验，操作规范，干净利落，对学生也是一种美育的教育。加深学习的印象与理解，减少学习的精力，提高学习的效率。

**5. 观察的艺术**

（1）教与学的过程是一个交往的过程。教学是一种交往，这种交往可以是信息的交往，也可以是某一动作的交往，或是某种神情的交往。教者善于在教与学交往的过程，边教学，边使用自己的目光收集来自学生中各方面的信息。教者善于从眉头紧皱、眼神呆滞或面带春风，喜气洋洋的神情中了解听课学生掌握知识的情况，“看出”学生学习的思路，诊断学习困难的原因，从而及时调整教学的进程。

（2）教者善于从学生中观察到学习不积极的学生、思想上“溜号”的学生、“搞副业”的学生。教者能在不影响教学的情况下，利用无声的语言，使这些学生转到正确的“轨道”上，收回思想，跟上学习的进程。

（3）教者有敏锐的观察力，能够察微知著一叶知秋，能够从每一名学生的一举一动、一言一行、面部肌肉及眼神的细微变化之中，发现学生心理世界的变化，并能根据课堂教学的情境、授课的内容，灵活机动地采用多种方式影响学生，调节学生的心理变化，使学生将全部精力投入到学习之中。

课堂教学艺术各种各样，一位教师一个样，这里仅介绍课堂常用的几种教学艺术。研究利用好教学艺术，确是减轻学生过重课业负担的方法，有可能是减轻学生过重课业负担的灵丹妙药，其灵在妙在节约学习时间，降低学习难度，学生对知识理解深刻且能保持长久的记忆。教学艺术则是教学较高的境界，教师的境界推动学生进入高境界的学习。

### （五）向教学艺术要教学质量——面对面

1. 什么是教学艺术？有确切的定义吗？

2. 如何理解教学艺术包含的内容极为广泛？其广泛到什么程度？能有大致的了解吗？

3. 如何理解在教与学的过程中，处处都有教学的艺术？

4. 教学艺术为什么是不可模仿的艺术？其道理在什么地方？

5. 如何提升个人教学的艺术？有学习的方法吗？

6. 教学艺术的功能是提高学习效率，其是如何提高的？举例说明不同的教学艺术在学习中的作用。

7. 教学中可以学习他人的教学艺术，不可模仿，但可以根据自己的实际情况加以创新，这是赠送给有责任心的人的礼物吗？

## 十四、向教态要教学质量

向教态要教学质量是一个非常重要的问题。这也是相当多的教师没有很好注意的一个问题。教态不能发声，不能讲一句话，也不能为学生解一道题，怎么向教态要教学质量呢？

### （一）教态

向教态要教学质量，首先要研究什么是教态。

教态一般指教师在教学时的仪表风度、举止行为和情感态度等方面的表现。

仪表包括教师的衣着打扮，相貌、态度和流露出来的情感的表现形式。

风度是教师的精神气度在举止姿态方面的外在表现。

举止行为主要指教师在授课时的各种动作表现。

情感态度指幽默、活泼、谦和、自信、热情、真挚、直率、从容等情感和态度。

### （二）教态对教学的影响

教师的衣着打扮应当整齐清洁、讲究卫生，美观大方、朴素典雅，衣着发型应当符合民族习惯和教师职业的特点。教师在课堂上穿的服装，绝不能赶时髦，讲阔气，奇特古怪，艳丽花哨。

某位教师穿戴过于时髦，颜色光彩夺目，款式奇特，真有“转侧看花花不定”的感觉。教师在前面讲课，学生的注意力不是集中在教师所讲的内容上面，而是集中在教师的穿戴上。有的学生在下面嘀嘀咕咕，品头论足，有的在纸上画服装式样，有的学生从内心里就产生了一种厌烦的情绪，更有甚者不愿意正面看教师一眼，产生了反感。在这样的情况之下，教师的衣着打扮成了影响学生注意听讲的分心物，成了分散注意力的主要因素，成了影响课堂纪律的主要根源。学生不专心听讲怎么能学好课程？学生在课堂上不能很好地掌握知识、技能，怎么能提高课堂教学质量？在这种情况下，教师不适宜的衣着打扮就成了影响教学质量的主要因素。教师的衣着不会讲话，既没有动作也没有表情，但它却是一种移情的分心物质。这种打扮通过移情，影响了学生的注意力，影响了学生听课的情绪，从而严重地影响了教学的质量。

教师的态度应当是和蔼可亲，平易近人，诲人不倦，沉着冷静。

某教师在上课之前与同事发生了口角，心中极为不快。上课一开始，便提问一名较差的学生，由于该生准备不充分，回答不准确，教师把上课前不愉快的心情带到了课堂，这名学生成了他发泄气愤的对象，从里到外、从头到脚狠狠地批评了这名学生，边说边拍桌子，课堂气氛十分紧张。在这种情况下，教师不是伤了这位学生的感情吗？其他学生怎么看待这位教师呢？哪儿还有一点和蔼可亲、平易近人、诲人不倦和沉着冷静的气质呢？这位教师带着气上课能讲好课吗？其他学生能在一种民主的气氛中听课吗？当教师讲错时或有其他不严谨的情况出现时，有哪一位学生敢提呢？有哪一位没听懂的学生敢于提问呢？在这种情况下，教师的态度就成了阻碍学生学习的主要因素。能说教态对教学质量没有影响吗？这位教师的态度对教学的影响至少一节课，多则几天乃至数月，对个别学生而言甚至数年。那么，怎么计算教态对教学质量的影响呢？

某位教师一边讲课（一只手插入兜中），一边将一个粉笔头抛向上方，落下后接入手中，就这样边抛边讲，边讲边抛。在这种情况下，学生是听教师讲课呢，还是看其扔粉笔头呢？一心不可二用，学生的心往哪儿用？教师不恰当的动作就成为影响教学质量的主要因素。

### （三）教态在教学中的作用

俄国教育家乌申斯基说，教态“对儿童心灵是一股非常有益的阳光，而这种阳光是没有任何东西可以代替的”。教态是直观而又具有“神奇”的教育力量。教态神奇在什么地方呢？

1. 教师的情感态度是师生之间情感交流的先导。师生的情感交流是创设和谐的课堂气氛、良好的教学情境的重要因素。当教师精神抖擞、感情充沛、满脸笑容地走进课堂时，把关心、爱护和理解带给了学生，使学生感到亲切、轻松、愉快，教师和蔼可亲，从而产生一种信任感，并积极参与教学活动。由于学生积极参与教学活动，这时学生将会聚精会神，专心听讲，开动脑筋，积极思维。由于教师的情感态度调动了学生学习的积极性，使学生有一种轻松愉快的感觉，此时教态显示出了神奇的教育力量。

2. 教师的衣着打扮、仪表风度应该整洁素雅，落落大方，并与其职业特点、年龄相称。色彩和谐，朴素大方，仪态端正，给人以美感并给学生以强烈的感染力，使学生产生敬佩、羡慕、赞许的情感。由于这种情感的产生，使学生从心里愿意接受教师的教导，就如同征服了学生的心一样，学生愿意听讲，专心听讲，思想不再分神、溜号，努力学习，克服困难，此时教态显示出了神奇的教育力量。

3. 教学是一个透明的活动。教师的一举一动、一言一行、所作所为无不在学生的监督之下；教师的心理状态、情感、心境无不会通过这个透明的活动被学生看得清清楚楚。教师这些外显的或内隐的“特征”，无时无刻不在课堂上发挥出它的教育力量。教态不是语言，但它也是传递信息的一种手段。这些无声的语言，常常会收到“无声胜有声”的教学效果。英国学者洛弗对这种“无声语言”的作用做了精辟的论述：“它可以引起学生的注意，使之集中于言语所指向的内容；它可以补充、加强甚至替代言语，使之更加明确有力；以非言语行为伴随言语行为，可以使学生在接受言语信息的同时，看到生动的形象，便于理解和记忆。”

目光是无声的语言，目光是传递信息的手段。目光可以起到稳定课堂秩序、组织教学的作用。在授课的过程中，教师经常环视全班学生，使每个学生都感觉到教师在给我讲课，在看着我，在关心着我，在期待着我，鼓励全班学生努力学习。这是教态神奇的教育力量。

教态之所以具有神奇的教育力量是因为：

教学是一个移情的过程。教师良好的教态，通过移情，会把教师的情感、精神、热情等首先给学生以感受，并对学生进行潜移默化的影响，并“传授”给学生。学生在这种情境的影响下，会刻苦钻研，勤奋好学，增强克服困难的勇气，树立争取好成绩的决心。良好的教态会“教育”学生的内心世界，激发学习动机，增强有意义的学习心向。良好的教态会使学生尊敬教师，热爱教师，从热爱教师到热爱教师所授的学科。良好的教态会创造出民主、和谐、互助的教学气氛，创造出良好的人际关系，使学生在轻松、愉快的环境中学习。驱使学生热爱这个集体，维护这个集体，留恋这个集体，对学生的道德品质、情操的陶冶，都具有重要的意义。

良好的教态能给学生一种愉悦感和亲切感，引起学生的尊重和好感，从而有助于树立教师在学生中的威信。教师的威信是一种特殊的教育能。

### （四）发挥教态积极作用中的几个问题

1. 良好的教态为教学的成功创造了极好的条件。但是教态终究不能传授课本知识，教学欲取得成功的效果，教师必须钻研业务，研究教学方法，竭尽全力去争取良好的教学效果。

2. 教态全面反映了教师的思想素质、文化素质和心理素质。在课堂上，教态是教师情感的外露，其带有明显的个性特征，成为教学特色、教学风格的组成部分。教师自己的非语言行为必须调控适度，教师的表情、动作应与教学内容、教学方法配合得体，不宜夸张做作，否则会喧宾夺主，弄巧成拙，反而带来不好的影响。

3. 教师的服饰、头饰应与职业相称，宜整洁大方，不宜浓妆艳抹，香气袭人，否则会使学生产生反感。

4. 在课堂教学中，教师应当努力纠正理头发、抠鼻子、挠痒、插兜、不看学生看天花板、一边讲课一边往外看、以书遮面、背朝学生讲课或伏讲台半躬半站等习惯性的动作，这些动作有损于教师的形象。

教学是一个透明的活动，教学是一个移情的过程，教态具有神奇的教育力量。在教学中教师如何利用这一透明的活动，充分利用这一神奇的教育力量，通过移情使学生能感觉到教师的期望，对学生的热爱与关心并能为学习付出艰辛的努力，是每位教师应当掌握的教学艺术。

教师用全人格教书看人，如何向教师全人格中的每一个要素要教学质量，确应好好研究。

人们千万不能忘记：教师的全人格影响学生全人格的形成。人格从一点一滴培养，人格从一事一言中培养。人格特征是相对稳定的。对学生的学习将起到重大作用。

### （五）向教态要教学质量——面对面

1. 教态是一个文科的概念，有举世公认的定义吗？
2. 如何研究一个文科的概念？是自定义还是他定义研究？
3. 笔者使用了自定义研究的方法，是这样吗？
4. 教态有形而无声，它是怎么影响学生学习的？
5. 从教态对学生学习的影响，启发人们如何注意教师所有非语言对学生学习的影响？

6. 向教师的全人格要教育质量是什么意思？要课堂教学质量是什么意思？

7. 在教与学的过程中，有必要研究教师的教态吗？它是影响教与学质量的变量吗？

8. 培训教师要培训教师的教态吗？怎么培训？

9. 教师的教态是评价教师教学质量的重要指标，你同意这种观点吗？

10. 教育处处无小事，是教师全人格当中“小事”无小事，因为它会产生大的教育力量，为什么？

11. 教师的教态可以减轻学生学习的负担吗？

## 十五、向作业要教学质量

学生学习，必须做作业，这是学习规律。

作业有课内作业和课外作业。

作业有显性作业和隐性作业。

作业有广义作业和狭义作业。

广义作业指学生为达到学习目的而进行的一切活动，如调研、观察、书写报告、活动纪实、实践活动报告、评价等。

狭义作业指学生在课后需要完成的各种练习题等，有书面作业，也有思考的问题。

本书所研究的是狭义作业，是学生天天会遇到、天天要完成的学习任务。

如何提高狭义作业的质量，提高教与学的质量，而且要消减“二量”，是研究的重点。

### （一）作业的基本功能

根据不同的教学目的，教师会留有形式不同的作业，有外显的作业，有内隐的作业（如思考题）。作业的基本功能是：

1. 巩固、复习、练习、应用所学的知识技能。

2. 培养学生学习方法。

3. 培养学生思维方法。

4. 促进知识结构的形成。

5. 培养学生的能力和创新精神。

6. 推动学生总结、概括所学的知识，提高学习的水平。

7. 推动学生走向社会，增加社会实践经验，培养学生观察、调查某事物等的能力。

8. 检查学生掌握所学习知识、技能的情况。

9. 为教师提供反馈信息。

### （二）作业设计原则

作业设计的基本原则是根据教育目的、根据作业的功能、根据实际课堂教学的目的，设计作业。

要求作业设计的针对性很强。作业设计的实用性很强。作业设计的功能性很强。

1. 作业设计的针对性强，常常针对的是：

（1）教学中的基本点、重点、难点、关键点。

（2）教学中大多数学生易混、易错的问题。

（3）教学中易产生负迁移的知识或技能。

（4）教学中提升学生学习水平的知识、技能。

（5）强化某些能力与方法的培养。

（6）强化教学中的某些知识点，常常是易被学生学习忽略的知识点。

（7）强化学习中的弱项，检查特定教学内容实际掌握的水平，为新的教学做铺垫。

2. 作业设计的实用性强，常常的做法是：

（1）针对知识、技能的实际应用。

（2）针对教学的实际问题针锋相对地设计作业。

（3）针对教学中学生学习的弱点设计作业。

（4）针对作业的功能，精心设计针锋相对又与学生学习水平与时俱进的作业。

（5）针对学生自学的内容，检查其完成水平设计作业。

（6）理论联系实际，教师精心设计与生产、生活、科学、自然现象等密切相关的作业。

3. 作业设计的功能性强，常常的做法是：

（1）明确作业的具体功能，针对发挥作业的功能，设计作业，强化功能的培养。

（2）为培养学生的某一功能，从不同的角度设计不同类型的作业，强调功能应用的广泛性，培养创新精神。

（3）为检测学生学习的水平，精心、适时设计作业，提高学生的学习水平。

（4）为因材施教，对不同学生群体精心设计不同水平的作业，起到强化、澄清、概括、应用知识和技能的作用。

### （三）教师精心设计作业带来的最主要效益

教师对学生所留的作业，是教师教学水平的具体表现，是教师责任心的具体表现，是教师能否如实了解学生学习水平的具体表现。

精心设计作业是提高教与学水平的有效方法。其提高教与学水平的关键在于能针对学生的实际情况，做到“针锋相对，对症下药”，因此收到“药到病除”的效果。

精心设计作业是提高教与学水平的有效方法。其关键是使学生有限的学习时间和精力能用在刀刃上、用在“节骨眼”上，用在关键之处，用在能提高学习水平之处，用在提高学习效率之处，用在提高教与学的水平、提高教与学效率之处，是功=功率×时间落实的实例。

精心设计作业是提高教与学水平的有效方法，在于其能准确地减作业的“数量和重量”，真正发挥了作业的功能，减轻了学生过重的课业负担，减少了学习的时间和精力，提高了教与学的质量。这是向作业要学习质量、学习效率的有效方法，是减轻学生过重课业负担的有效方法，问题的关键是学生不做无用功。

教师精心设计作业，花费了教师的时间和精力，这是教师“精准教学、精准减负”的有效方法，是教师对工作认真负责的美德换来了学生学习的幸福，这是最大的效益。

### （四）容易出现的问题

有的教师，由于各种原因，做不到精准设计作业，根据学生手中的教学辅导材料留作业，一句话，今天的作业是从某页到某页，共 30 道题，全部完成。

这样的作业容易出现的问题：

1. 不能“针锋相对，对症下药”，辅导材料上的问题与针对学习的内容需要练习的作业的契合度有限。

2. 学生作完的作业，教师没有机会判，学生不知道自己做题对错的作业题几乎等于白做，学生要用相当多的时间和精力做题，而且还不知结果，这样的练习增加了学生学习的负担而且学习效果有限。这是加重学生过重课业负担的重要来源。

3. 作业要推动学生完成由例及类的学习，提高学生概括化的学习水平，使学生“学一个、会一类”，这是有效的减“二量”的方法。这样的作业与精准减“二量”尚有相当大的差距。

作者无意批评辅导材料中的习题质量，有些习题的质量还相当不错，对教材中的习题是一个有益的补充，并给教师选择习题、作业题提供了方便。为学生扩大学习范围提供了学习环境。这里主要说的是“契合度”有限，“趁热打铁”的火候不易掌握，不能更多地、有效地发挥作业的功能，损失了部分教育功能。损失了部分学习的时间与精力。

### （五）向作业要教学质量——面对面

1. 作业的功能是什么？

2. 如何利用作业的功能？如何强化作业的功能？

3. 如何利用作业减轻学生的学习负担？

4. 教师根据什么精心设计作业？

5. 教师精心设计作业的最大效益是什么？

6. 教师精心设计作业对教学质量的回报是什么？

7. 精心设计作业，是最优教学中的一部分内容吗？是推动学生会用的重要内容吗？

8. 如何倡导精心设计作业？这是减轻学生过重课业负担的灵丹妙药之一吗？

9. 如何理解作业既可加重学习负担，作业又可减轻学生的课业负担？教学艺术在何方？

10. 作业有“趁热打铁”的效益，教师如何利用这个“热”来打这个“铁”？优势何在？“趁热打铁”的最大效益是什么？不仅掌握知识，还为下一步学习打基础，是这样吗？

## 十六、向课堂教学总结要教学质量

课堂教学基本上可以分为三个阶段，即：引入阶段、授课阶段和总结阶段。如何搞好总结，对能否圆满完成教学任务，对促进学生对知识的消化理解，促进知识的系统化、概括化，进一步提高教学质量将起到极为重要的作用。“编筐编篓，关键就在收口。”总结恰恰起到了收口的作用。

### （一）总结的主要作用

**1. 促进知识的系统化、概括化，塑造学生良好的知识结构**

每位学习者的头脑中都有一个认知结构，即思维的内部逻辑体系。学生受到外界环境的刺激，首先作用于学习者的认知结构。学习者的认知结构倾向于它才能被知觉，否则视而不见，听而不闻。当知觉到的东西与原认知结构的逻辑体系一致时，新的信息被纳入，称之为同化。当知觉到的东西与原认知结构不一致时，即用原有的内部逻辑体系无法解释时，则要改变认知结构，这个过程叫顺应。同化和顺应的过程就是学习。在课堂教学的结束阶段，将新知识与原认知结构中的知识进行比较、分析，明确其联系与区别，这样才能将新知识纳入学生的认知结构中去，形成新的知识结构。所以，同化和顺应发生在总结阶段更明显，也是最重要的学习过程。教师通过对知识的总结与归纳，可以有效地促进知识的系统化和概括化，促进知识结构的形成。

**2. 理清思路，培养思维能力**

培养学生的思维能力是教学的主要目标之一。思维是由思维的品质（主要指思维的广阔性、思维的批判性、思维的深刻性、思维的敏捷性、思维的灵活性和思维的逻辑性等六个方面）构成的。培养和发展思维品质则是培养和发展思维能力的重要手段。教师在总结的过程中，进一步明确知识的主线，在强化“什么、是什么、为什么”的过程中，理清思路，强调逻辑思维（思维的逻辑性），使学生逐步学会分析问题的方法、科学方法、学习方法，等等，这些是产生方法的方法，产生智慧的智慧，将会有力地培养学生的思维能力。

**3. 及时获得反馈信息，巩固所学知识**

及时反馈是现代教学论的一条重要原理。教师在总结时安排一定数量不同类型的练习，通过练习，教师可以及时获得反馈信息，发现教与学中存在的问题，及时补救，并有针对性地重点讲解学生掌握不好的知识，给学生以“第二次机会”。练习的过程，学生可以不同形式获得教师的评价，既可使学生感受到成功的愉悦，又可以及时纠正错误，为继续学习打下良好的基础。

**4. 提高教学的水平、学习的水平**

总结，常常需要概括，将知识进行精炼，浓缩、系统化、概括化，这一过程，是提高教学水平的过程，也是提高学习水平的过程，是“去粗取精”的过程，也是强化与烙印的过程。

### （二）应用较多的几种总结的方式

**1. 直接总结**

直接总结是在教师的引导下，对一节课所讲授的内容进行梗概的回顾，或归纳成几个要点，或概括出几条规律，或通过对比、分析揭示知识间的内在联系，促使知识进一步系统化、概括化，等等，并用简明的表格、图表等来表示知识及其相互之间的关系，为学生提供便利的学习、概括、总结、记忆方法。

**2. 提问总结**

提问总结是教师根据教学的内容，归纳成若干个问题，提问学生给予回答。利用问题，对知识进行总结，激发学生思考，提示教学重点，检查教学效果，及时强化薄弱环节。

**3. 练习总结**

练习总结是教师依据教学目标，精选一定数量的不同类型的练习题，通过学生的练习，总结本节课的知识要点，能力要点，突出重点，介绍解题方法，形成技能技巧，培养学生的能力，总结思路，介绍学习方法。

**4. 讨论总结**

围绕教学重点、知识点，提出一些富于启发性的问题，组织学生讨论。利用讨论，集思广益，把重点问题讨论明确，把易混问题区分清楚，在争论中强化印象，在讨论中明辨是非。最后教师根据讨论的结果，点明关键点，突出重点，提高教与学的水平，展示思路、明确思路，培养学生的思维能力、分析问题能力。

### （三）总结的一般意义

总结的过程，是把知识“由多变少”的过程，是进一步理清思路的过程，是把书“由厚变薄”的过程，是“去粗取精”的过程，是抽象、概括的过程，是“精炼”的过程，也是学生把已掌握的知识往头脑中“烙印”的过程，是提高学习水平的过程。

总结的过程，是引导学生统观全局、抓住重点、强化知识主线、理清思路、进行归纳的过程。

总结的过程，体现了教师的教学水平，也是提高学生学习水平的过程。总结为进一步学习、总复习打下了基础，创造了方便的条件。

总结的过程，是把知识变“薄”的过程，变精的过程，变“序”的过程也是概括的过程，给记忆带来了方便的条件，给培养能力、促进迁移创造了机会。

总结的过程，也是“收口”的过程。收口的工作是把多条“经纬”妥善地巧妙地安排在一起形成一定的结构。总结时教师能否有效地促进知识结构的形成，突出重点，强化印象，进一步促进知识的系统化、概括化，使学生学会思考问题的方法，学习的方法，乃是总结成败的关键，也是减轻学生负担的关键。

### （四）向课堂教学总结要教学质量——面对面

1. 总结的功能是什么？
2. 总结的艺术有哪些？
3. 教与学中常用到的总结形式各有多少种？最重要的形式是什么？
4. 教与学中的总结对促进学生的知识结构形成有什么作用？在总结中如何促进？
5. 利用总结如何提高学生学习的水平？
6. 利用总结如何培养学生的学习方法和科学方法？
7. 如何利用总结培养学生创新的精神和能力？
8. 如何利用总结减轻学生的负担？其减轻负担的原理是什么？
9. 总结对培养学生的综合能力有何益处？
10. 如何利用总结，进一步强化教学目的？

11. 如何利用总结，诊断学与教中的问题？

12. 如何提高总结的质量？这是教师教学水平的高度体现吗？

13. 如何开发总结的多功能效益？这是教师“吃干榨净”能力的具体表现吗？

## 十七、向教学方法要教学质量

使用教学方法，首先要研究什么是教学方法。

教学方法是一个文科的概念，文科的概念没有统一的定义，这是文科概念的特点。

教学方法既包括教师教的方法，又包括学生学的方法。教学方法本身就包括学生的学习方法。教师在教与学的过程中，教授学生的学习方法，是教学应有之意，否则，仅完成一半的教学任务。

一般说来，教学方法又称为教授法、教学法。有学者认为，教学方法和教学法是有差异的。教学方法是教学活动中方法体系中的个别部分，而教学法则是教学活动的一切活动方法的总和。对这两个概念，本书不做过多的解释。

本书所研究的一般认识的教学方法，既包括教，又包括学的方法。

本书所说的各个教学环节，它们是教学方法的一部分，是本书研究的重点。本书认为：课堂教学中，根据不同的教学任务组织的不同的教学环节，完成教学任务的方法，称为教学方法。教师一节课可能仅仅使用一种教学方法，也可能使用几种教学方法，以达到最优化教学目的。

对教学方法的分类，众说纷纭，教学方法分类的最大困难是要厘清分类的基础，在这个问题上存在着各种各样的看法。教学方法的分类不是本书要研究的问题。

我国一般教科书定义教学方法为：

为了达到教学目的而组织的一种有秩序的教师工作方式和学生活动方式的总和。

南斯拉夫教学论专家弗·鲍良克在其所著《教学论》一书中定义的教学方法为：

教学方法是教学的工作方式。

苏联教学论专家斯卡特金主编的《中学教学论》一书中定义教学方法为：

每一种教学方法是教师为组织学生的认识活动和实践活动，以及确保学生掌握教学内容而进行的一系列的有目的活动。

苏联巴班斯基在其主编的《中学教学方法的选择》一书中指出：

为了达到教养、教育和发展学生的目的，而调整师生相互联系活动的种种有序的方式。

我国教学论专家王策三先生将教学方法定义为：

为了达到教学目的，实现教学内容，运用教学手段而进行的、由教学原则指导的一整套方式组成的师生相互作用的活动。

关于教学方法的定义，还可以举出若干种。

不管任何教学方法，主要由四要素组成。它们是：教师、学生、知识（广义）和载体，这四要素的变化及有机地结合，就演变出多种多样的教学方法。

本书以讲授法为例，对其进行较为全面的剖析，表示对教学方法分析的一种方法。

讲授法常常称为讲述法、讲演法或讲解法。

### （一）讲授法主要适用的教学情境

1. 教学目的主要在于使学生了解一些信息。

2. 作为其他教学方法的绪言或导言。

3. 必须借讲演的技巧以提高学习者的兴趣。

4. 学习者有意义的学习心向较差。

5. 使用其他的教学方法（如实验法、边讲边实验教学法等）受到教学条件的限制。

6. 教学任务重而课时又较少。

7. 学习者对教师所讲解的内容只需做短时的记忆。

8. 教师有较好的讲演才能，表达能力较强，而教学内容又适宜采用此法。

9. 教材内容抽象而又无其他直观教具可用时，必须借教师的讲解才能使学习者对教材有较好的理解。

### （二）讲授法的一般教学程序

从讲课的内容来分，讲授法一般可分为三个层次。即：

1. 引言，引出课题或问题。
2. 针对教学内容，讲述、讲演或讲解。
3. 总结概括，促进知识系统化、概括化。

### （三）讲授法对教师素质的要求

1. 教师有较强的表达能力和较高的讲演艺术，语言准确、清晰、简练、生动、通俗易懂、逻辑性强。

2. 教师能用声调、姿势、动作、表情、手势等协助说话。

3. 教师能根据学生的特点、教材的变化情况，随机应变，用语言等维持学生的注意力。

4. 教师在授课的过程中能通过学生的面部表情的变化判断出学生接受新知识的情况，从而能有效地调节教学。

5. 教师能观察出“走神的”、“溜号的”、懒于思维的学生，并能用既不影响授课又不影响学生听课的方法，使这些学生自觉地学习。

### （四）讲授法对学生素质的要求

要求学生具备一定的知识基础，有较强烈的有意义学习心向，并具有一定的记笔记的能力。

### （五）讲授法的主要优势

1. 使用的对象、时限、教材、教具、设备均富有弹性，听课的人数不受限制、经济实惠，能在最短的时间内传达最大的信息量。

2. 有利于发展学生的抽象思维和想象能力。

3. 能充分发挥教师的主导作用。

4. 教师在讲授中既讲又演，增强感染力，学生因教师讲演时表现出来的热诚、幽默、戏剧性和逻辑性等，增强了学习兴趣，更加乐于听讲。

5. 有利于教师系统地传授知识，促进学生系统地掌握知识。

6. 教学的过程是一个移情的过程。在讲授的过程中教师可以潜移默化地将激情“移”给学生，学生受到激励，增强学习动机，提高学习效果。

### （六）讲授法的主要问题

1. 不能较好地形成学习者外显的技能技巧。如具体的操作，只听教师讲解，可以从道理上掌握，而实际操作的技能技巧，还要靠学习者的反复练习，讲授法则不能很好地完成这一任务。

2. 当教师在讲授时不能很好地贯彻启发式时，当学生缺乏有意义学习心向时，学生则不能很好地发挥其主观能动性，这时学生的学习常常成为被动的接受式的学习，容易形成注入式的教学。由于注入式教学的形成，学生出现死记硬背的现象，能力不能得到很好的培养，出现高分低能和低分低能、学而不会用的现象。

3. 会影响依靠直观形象记忆和运动记忆的学生学习。

4. 当讲授的时间过长而教师讲授的技巧又不甚好时，学生很难保持注意力，从而影响教学的效果。

5. 在课堂教学中不利于因材施教。

6. 讲授法实际为教师讲，学生听；教师讲，学生想；教师讲，学生记，要求学生有较高的学习自觉性。当学生不能有效地控制自己的行为时，常常会出现一些思维的“懒汉生”、思想“溜号”的学生，教师不易控制这部分学生的学习。

### （七）对讲授法的评价

讲授法在一定的教学环境下，有一定的优势，是当今社会课堂教学中行之有效的教学方法之一，但不是唯一的教学方法。讲授法在某些情况下会导致“注入式”教学，但不是所有的讲授法都是“注入式”教学。在某些教学的情境中，讲授法可能优于其他的教学方法，但不是说讲授法一定优于其他教学方法。能不能发挥出讲授法的优势，完全取决于教学发生的条件。当教学的条件不能满足讲授要求的最基本的条件（学生要有有意义学习的心向、教师有较强的表达能力和讲演艺术、授课内容适宜讲演）时，讲授法的优势就不能发挥出来。

在当今这个时代，讲授法已受到相当多的教育工作者的批评，指责这样的教学是填鸭式教学、注入式教学、满堂灌式教学，等等。认为这样的教学方法应当废除，以致在某些人看来，教师使用讲授法进行教学，在教学上就没有改革，这是一种偏见。说讲授法天生就会导致注入式教学是完全没有根据的，是缺乏理论研究的具体表现。在现阶段，不得不把考试作为刺激学生学习的主要刺激物之一。有的教师注意到这个“刺激物”，他两天一小考、三天一大考，把学生的身体考垮了、冲击了其他科目的学习。有人便说，考试有多么严重的问题，应当废除。恐怕很多人都不会同意这种观点，出现这样的结果不是考试天生就有这么多的问题，而是不懂考试道理的教师滥用考试的结果。对于讲授法同样如此，是某些教师不具备使用讲授法的基本素质而滥用讲授法的结果。

在教学中，组织教学的原则很明确，要贯彻启发精神，不能叫学生去死记硬背一些有意义学习的材料。根据教学大纲的要求，在学生可以理解的情况下，教者不但要使学生知道“什么”“是什么”，而且要使学生懂得“为什么”，应当达到理解水平的学习，绝不能停留在记忆水平的学习上。但是由于种种原因，教师仍偏重于用机械学习的方式给学生呈现或提供有意义的材料，而使有意义学习变部分或全部为机械学习，学生学习的知识不会应用，造成“高分低能”或“低分低能”的现象。这种事情的发生不是讲授法的问题，而是教师不恰当地使用讲授法的后果。

教师采用讲授法进行教学，针对学生而言则是接受学习。接受学习完全可以是有意义的。接受学习是机械的还是有意义的，不取决于学习或教学的形式，而取决于学习发生的条件。教师若能将有潜在意义的学习材料同学生已有的知识结构联系起来，并使之融会贯通、学生能采取和保持相应的学习心向来进行这样的学习，那么接受学习完全可以是有意义的。

当接受学习成为有意义的接受学习时，那么有意义接受学习不是被动的，也就是在用言语讲授教学法进行教学时，学生不是简单地将新学习的材料在自己的认知结构中“登记”一下就完事，至少要有下列的活动。

1. 学生在学习新知识时，首先要对新知识进行判断，然后才“登记”。

当教师在讲解酸的定义时，“电解质在电离时所生成的阳离子全部是氢离子的化合物”时，学生首先要考虑：这个概念的内涵是什么？外延有多大？为什么要这样下定义？能包括我们以前学过的所有的酸吗？学生对这个概念要问几个为什么，这个过程就是对概念进行分析判断的过程，是一个智力活动的过程。当学生认为没有什么问题了，这几个为什么解决了，这时才在自己的知识结构中“登记”，作为新的知识接受下来。这个过程是一个积极的过程。

2. 学生在学习新知识时，当新知识与学生已掌握的知识发生矛盾时，学生拒绝接受新知识。

在教学中常常会遇到这样的问题：教师所讲的新知识由于种种原因（教材编写有误、不全面，教师讲错、学生对知识认识出现问题）与学生头脑中固有的知识出现矛盾，学生提出各种疑义，拒绝接受新知识。学生对这些矛盾会有种种不同的想法，这时教师或学习者本人要对矛盾进行调节，当矛盾解决时，学生把新知识接受下来。例如，教师在讲解盐的定义时便出现了类似的问题。有的化学教科书把盐定义为：“由金属离子和酸根组成的化合物叫作盐。”学生在分析盐的定义以后便将氯化铵（$NH_4Cl$）

拿出来与盐的定义进行比较，当发现盐的定义不包括氯化铵以致推广到一切铵盐时，学生便拒绝接受盐的定义。有学生公开讲，“书中盐的定义有问题”。教师就要对盐的定义进行修订，使之更加完善，修改后为“由金属离子或铵根离子和酸根组成的化合物叫作盐”。学生频频点头，表示接受，矛盾解决了，这时学生才“登记”。有时教师在讲授时，由于口误，看到学生频频摇头，或交头接耳，或发出叽叽喳喳的说话声，当有一些诧异的神情时，这些都是拒绝“登记”的表现，学生拒绝“登记”的过程，是思维活动的结果，证明学生在听讲时是有积极的思维活动的。

3. 当新知识经过“鉴别”后“登记入库”，这些新知识不是杂乱无章地堆放在脑海之中，或者说是“记忆仓库”中，学习者对新知识要进行分类、概括，使新旧知识结合成一个整体，形成一个人的新的知识结的。这个过程也是一个积极主动的过程。

4. 当教师在教学中采用的是设问法、疑问法进行教学，从大的范围来讲，就是教师讲、学生听。表面上看似平静，学生无一人站起回答教师的问题，但在实际上，学生的脑海会“波涛汹涌”此起彼伏，学生的头脑中在进行着紧张的智力活动。这一过程也是一个积极的过程。

5. 教学是一个连续的过程。教师根据某一阶段的教学内容认为采用讲授法可以系统传授知识，在短时间内可以传达最大的信息量，将学生的知识积累到一定程度时再采用其他的教学方法，如实验法、讨论法、练习法等，在这种情况下，前一段采用的讲授法也是完全正确的。有时教师在课堂上就是传达信息，讲解概念和定理等，学生不曾做一点练习，而教师在所留的作业上却下了很大的功夫，利用作业代替课上练习，利用作业检查学生“活学活用”在课上所接受的知识，启发学生的思维，培养他们的能力。在这种情况下，教师的课堂讲授只是这一过程的一部分。

教育界如何评价讲授法具有重要的意义。讲授法是一种最经济单位时间内传达最大信息量的教学方法。一些教育工作者只看到部分学生“高分低能”甚至“低分低能”，认为这是讲授法造成的，在得出这种结论时，很少考虑讲授法对教师素质的要求，这是不公正的评价。在教学中，如何扬讲授法之长处，避其短处，确实是应当好好研究的一个问题。

向课堂教学方法要教育质量，或局限于教学质量，要求教师选择的教学方法恰当而且能发挥所选择教学方法的最大优势，欲做到这一点，教师应当对每一种教学方法进行实质性研究。只有知道教学方法在什么条件下有什么优缺点，才能更好地选择教学方法。这是提高教学水平，进行教育方法改革的基础性研究，是教师发展的方向，教师的基本功。

### （八）向教学方法要教学质量——面对面

1. 如何分析一种教学方法？它是教师的基本功之一，对否？为什么？

2. 如何改革一种教学方法？它是教师的基本功之一，对否？为什么？

3. 如何从学习理论中找到对教学方法的启示？

4. 如何从教学理论中找到对分析教学方法的启示？

5. 如何确定最优化的教学方法？

6. 如何批判追求万能的教学方法是错误的？

7. 教师具备分析教学方法的基本素质是什么？要求教师的知识结构是什么？

8. 我国教育界在宣传教学方法方面是否走过弯路？为什么会出现此种情况？

9. 一位教师学习另一位教师的教学方法，学的是什么？一位教师是否可以百分之百地模仿另一位教师的教学方法？为什么？

10. 青年教师向有经验教师学习教学方法，学的是什么？学习什么最有效？

11. 总结一位有经验的成功的教师的教学方法，总结什么？推广什么？

12. 教师学会对一种教学方法实质性的分析，对提高其教学水平有什么影响？

13. 教师在教与学的过程中，如何选择最优化的教学方法？选择的标准是什么？

14. 教师学会对一种教学方法的实质性的分析，如何引导其进行教学方法的改革？

15. 若将教育技术看成是一种教学方法，如何分析其对教师素质的要求，对学生素质的要求，其能发挥的最大优势以及容易出现的问题？这是研究教学方法的最主要最基本的方法吗？

16. 科学技术不断发展，发明出来的教学机器各种各样，而且层出不穷，如何利用教学机器提高教学水平？

17. 教学机器各种各样，它能不能完全代替教师的教学？

18. 由教育技术的出现带动了教学方法的改革，由教育技术支持的教学方法是万能的教学方法吗？从长远的角度分析可以吗？

19. 教师如何可持续发展才能适应各种各样的教学方法的改革？基本功永远是教师的基本素质，对吗？

20. 脑科学、心理学、学习理论、认知理论是教师应当加强学习的内容，你同意这种观点吗？这是教师发展的方向吗？

## 十八、向教学评价要教学质量

任何人做任何事都是有目的的。

人们做任何事必定有一定的结果。

人们做任何一项工作都希望达到预定的目的并获得最佳的效果。

人们要知道自身的工作是否达到了预定的目的，这就要进行科学的评价。

评价是对人们的工作进行判定，即评判后还要下结论。

问题是拿什么标准对人们的工作进行判定，也就是进行评价。拿什么标准评价最公平。这是人们最关心的问题。

评价首先要制定评价的标准，即制定标准的“尺”，制定标准的“秤”，只有“尺”准，“秤”准，评价才有可能准。

因此，任何评价标准的制定都是非常重要的一件事。

## （一）评价的基本要求

评价具有多功能的作用，只有用正确的评价体系进行科学的评价，才能取得好的效果。一般来说，对评价的基本要求是：

**1. 科学性**

科学性是指评价的指导理论科学、确定的评价目标科学，使用的评价体系科学。使用的评价方法科学性是第一位的，只有科学的评价，才能发挥评价的多功能的作用。评价体系的科学性，是做好评价工作的最重要的指标。应当对学校的教育评价，若是对学校的教学进行评价，显然评价的科学性出了问题。

**2. 适时性**

适时性是指在最恰当的时间进行评价，也就是在最能显示工作成果的时间内进行评价。评价一个西瓜，在其未成熟时对其品质进行评价显然不客观，在其过熟后进行评价显然也是不客观的。应当选择最能表现其品质的时间进行评价，此时最能说明西瓜的品质。对工作的评价同样如此。究竟在什么时间进行评价，应酌情而定，应酌目的和条件而定。实际上，如何选择恰当的时间也需要特定理论的指导。

**3. 最优化**

最优化是指用最好的评价体系评价出最实际的效果，并使用最少的成本。也就是使用的人力、物力、财力、精力、时间最少，而获得最好的效果。就是说，在评价中追求质量的同时，要算经济账。不顾经济成本去做任何一项工作都是不可取的。用投入与效果不成比例的经济力量去支持一个有限的效果，显然是不合适的，是在任何工作中都应当尽量避免的事。总之，最优化要求评价指标最优化、效果最优化、成本最优化、效益最优化。

**4. 适度量化**

评价可以粗略地分为定性评价和定量评价。定性评价和定量评价各有优点，各有各的应用场合。在评价的过程中，到底使用定性评价还是定量评价，应当酌情而定。评价的结果以能最客观、最科学地反映客观实际为最好。一般来说，做到定性评价较为容易，做到定量评价较不容易。但客观评价，一般不要以容易或不容易为取舍的标准，应以客观需要和评价的理论所达到的水平为标准。一般来说，应量化的尽量量化，量化结果容易分析成果的实况和水平，有利于进一步具体地、精确地指导工作。量化指标的确定常常是评价理论水平的重要标志。

### （二）对评价体系的评价

评价评价体系，是绝对重要的大事，因为它决定评价的成果，它是测量中的尺。尺子不准，评价结果也不会准。

评价体系常常作为评价事物的标准，标准出了问题，就从根本上出了问题，不但不能起到评价的作用，反而误导了工作，这是绝对不能忽视的大问题。

如何评价评价体系，有诸多方法。一般来说，应当从以下几个方面进行评价。

**1. 评价评价的目的**

任何一个评价，都是有目的的。目的是想要得到的结果。目的决定评价的方向，目的指导评价的内容，目的指导评价的标准，目的指导评价体系的构成。

在设计评价的目的时，对目的基本要求是：完整、明确、准确、符合实际。

完整指评价指导思想完整、评价目的完整、在评价目的指导下的评价指标体系完整。评价内容不缺项、不混项，能完整地检验欲达到目的的所有内容。

明确指评价的目的明确，以及在评价目的的指导下，评价的理论明确，评价的目标明确，评价的体系明确，评价的标准明确。

准确主要指评价的目的与所要的结果有很好的吻合。在评价目的指导下所涉及的任一项指标所确定的内涵和外延准确。

符合实际指评价所确定的评价目的、评价标准要符合实际，过高或过低都无助于评价的效果。

任何评价体系都要实事求是地设定评价目的，这是评价的定盘星。

**2. 评价评价的理论**

任一评价体系都是在评价目的和一定的评价理论指导下制订的。不同的评价内容涉及不同的评价理论。评价理论应当正确、科学、完整、符合实际并对实践有很好的指导作用。评价体系不正确、不完整，评价结果就难符合要求。

**3. 评价评价的内容**

任一评价体系都有若干标准、若干具体的内容，评价标准和评价内容是评价目的和评价理论的具体表现形式。评价内容充分表达评价目的，是评价体系中最直接最具体的要求。任一评价体系的不同层次的内容都应当确切表达这种要求。被评价的若干指标具有可操作性是评价内容的重要指标。

**4. 评价评价的方法**

在评价的过程中，评价目的明确，理论正确，体系完整，内容清晰，仅仅完成了纸面上的工作。将纸面的东西付诸实践，就涉及具体的工作方法。方法正确，常常可以起到事半功倍的效果；方法不正确，常常影响结果的准确性。在评价的过程中，确定科学的评价方法，也常常决定评价的成败。

评价是工具。将评价作为工具，就要评价工具功能是否齐全，评价工具功能是否得到充分发挥，就要评价是否正确使用工具，是否充分利用工具。

评价是手段。手段是为了达到某种目的而采取的具体方法。方法应当追求最优化的方法、最有效的方法、最简明而又最好用的方法。

如何用最好的方法去用最好用的工具，得到最好的效果，恰如其分地评价学校的教育实力，通过评价促进学校教育实力的快速而有效地发展，评价工作确实应当发挥出应有的功能。用什么评价体系，评价各级各类的教育，是应当研究的重大问题。

对评价体系的评价，实际是对评价的要求。

这是从另一个角度研究评价，以确保能实事求是地完成评价的功能。

评价体系的确定，是评价的精髓，评价体系不完整、不公正，欲想得到公平的评价结果，是不可能的事。

评价体系把握着评价的方向和评价的具体方法及内容。

### （三）教学评价的基本功能

教学评价具有评价的所有功能。

教学评价应当在科学的评价体系下进行。

对教学的评价具有多功能效益，一般说来，具有四大功能。

**1. 听诊器**

听诊器是用来诊断疾病的工具。

教学评价中的评价体系如同“听诊器”一样，诊断教学中存在的问题。用评价体系来评价人们的工作，在工作中有什么“毛病”，“毛病严重”的程度，以及“毛病”的诱因。这是评价体系的诊断作用。这是评价的基础工作，也是最关键的工作。找到了“病”，找到了“病的诱因”，才好“对症下药”。

**2. 方向盘**

方向盘是用来把握方向的。

教学评价体系就是教学中的方向盘。教学评价体系指明教学的方向。用评价体系来评价学校的工作，学校不是按评价体系指示的教学方向来工作吗？这时教学评价体系就起到教学中“方向盘”的作用。方向比努力重要。教学评价体系就是教学中的方向盘。

方向盘若出了问题，办学的方向将出现问题。一所两所学校还可以，全国这么多的学校方向都出了问题，是教育中的重大损失。

现在一些教育被异化为“为考分教学”，减少了教书育人的成分，一些学校为学生造分而努力，家长逼分，录取学校看分，“造分、逼分、看分”，“三分”将给教育带来重大损失。这是办学的方向问题。

**3. 指挥棒**

指挥棒指示办学的方向，指示办学的着力点。任何“指挥棒”都不是抽象的，它是具体的。要求人们的工作按指挥棒指示的方向和工作中的着力点而努力。“指挥棒”指挥应当怎样教学，才可以取得好的教学成绩。

指挥棒若出了问题，工作中的着力点就出现了问题，特别是贯彻教育方针出了问题，立德树人出了问题，这是教育中的重大问题。

在办学的过程中，在教学的过程中，要紧紧握住“指挥棒”且使其保持正确的方向，这应当是教学评价的最基本的工作。

一些学校的教学，偏离了教育方针，“指挥棒”真出了问题，教育仅仅为学生的考分服务，到了应当改正的时候，这个问题不解决，学生过重的负担就很难解决。

**4. 推动力**

在“听诊器”“方向盘”“指挥棒”的作用下，教学评价体系就起到了推动的作用。

这一推动力，具有方向性的推动力，具有工作中具体着力点的推动力。这一推动力，是全方位的推动力，它推动工作，还推动人的思想的转变。

教学评价体系就具有推动教学改革的力量。

教学评价体系制定得再好，不落实也是无效的。落实“推动力”就成了落实评价功能的效力。

### （四）对课堂教学评价的着力点（观测点）

1. 对授课目的进行评价。

2. 对教师的仪表、服饰进行评价。

3. 对教师授课的精神状态进行评价。

4. 对教师上课引言进行评价。

5. 对教师授课新知识的情况进行评价。

6. 对教师设计的问题进行评价。

7. 对教师的小结、课堂总结进行评价。

8. 对教师利用直观教具的情况进行评价。

9. 对教师的授课语言进行评价。

10. 对教师的教态进行评价。

11. 对教师安排的例题、练习题进行评价。

12. 对教师指导学生自学进行评价。

13. 对教师引导学生讨论进行评价。

14. 对教师指导学生实验进行评价。

15. 对教师随机应变的能力进行评价。

16. 对教师选择的教学方法进行评价。

17. 对教师选择的教学形式、手段进行评价。

18. 对课的结构进行评价。

19. 对教学水平进行评价。

20. 对教学思想进行评价。

21. 对教学效果进行评价（是否完成教学任务）。

22. 对教学艺术进行评价。

23. 对教师创造性教学进行评价。

24. 对培养学生学习方法进行评价。

25. 对培养学生能力进行评价。

26. 对学生家庭作业进行评价。

27. 对教师使用电化教学的适合度进行评价。

28. 对教师自述设计教学、教学效果的评价。

29. 对教师的教案进行评价。

30. 对教学时间安排的评价。

### （五）教师应当认真学习教学评价体系

教师应当认真学习教学评价体系，这是因为教学评价体系：

1. 是用理论结合实践编写的教学指导材料。
2. 评价体系是教学理论与实践的结晶。
3. 评价体系指明了教学的方向。
4. 评价体系指明了教学中的着力点。
5. 评价体系是对教师素质的要求。
6. 评价体系指明了教师进修的方向。
7. 评价体系要求教学环节的最优化。
8. 评价体系既是裁判员，又是指导员。
9. 评价体系是自照镜子，以正其身，以强其身，促使个人优化发展的好方法。
10. 评价体系在用理论武装教师的头脑。

### （六）向课堂教学评价要教学质量关键是减轻学生的课业负担

原因就是：

1. 帮助教师把握教学的方向。
2. 帮助教师把握教学中的着力点。
3. 帮助教师向各教学环节要质量。
4. 帮助教师提高教学水平。
5. 帮助教师提高教学效率、提高学习效率，就是在帮助学生减轻过重的课业负担。

### （七）向教学评价要教学质量——面对面

1. 评价理论指导评价体系，评价体系指导评价指标，评价指标评价具体的工作，同意否？为什么？

2. 评价指标是评价理论的具体应用，如何评价一个评价体系、评价指标？

3. 制订评价指标不是一个简单的事，为什么？对人们素质的要求是什么？

4. 如何评价教学的质量、水平？如何评价一所学校的教育质量？如何评价一名教师的教育质量？有评价量表吗？

5. 如何评价学习的质量、水平？如何评价一名学生学习的质量和水平？

6. 如何评价某一学习阶段的学生素质？

7. 如何理解评价体系是工作中的“听诊器”“方向盘”“指挥棒”和推动力？

8. 如何对教育、学校教育、对教师个人教育的工作进行恰当的评价？

9. 如何提高评价的效果？如何才能做到实事求是的全面的评价？

10. 目前，在教育界何种评价效果最好？何种评价有走形式的趋势？何种评价在推动教育提高水平？何种评价在阻碍教育的发展？

11. 一个有效果的评价要具备哪些基本要素？判断的标准是什么？

12. 教师有学习、掌握评价教育质量、教学质量标准的必要吗？

13. 我国哪些教育评价体系、教学评价体系需要改革？

## 十九、教学——面对面

1. 何为教学？何为教育？何为教学方法？何为教育方法？何为教学艺术？何为教育艺术？

2. 教学方法、教学环节、教学步骤它们之间是什么关系？

3. 如何向教学方法要教学质量？

4. 如何向教学环节要教学质量？

5. 如何向教学步骤要教学质量？

6. 如何向教学方法、教学环节、教学步骤要减轻学生过重课业负担的效益？

7. 教师如何用自己的硬实力减轻学生过重课业负担？教师的硬实力指的是什么？

8. 教师如何用自己的软实力减轻学生过重课业负担？教师的软实力指的是什么？

9. 如何培养教师教学的硬实力？

10. 如何培养教师教学的软实力？

11. 减轻中小学生过重的课业负担，在学校中，仅仅是教师的责任吗？

12. 减轻中小学生过重的课业负担，教材应当如何改革？

13. 任何一个人的工作都是全人格参与的过程，在教与学的过程中，如何培养教师与学生的全人格？人格需要人格的教育吗？

14. 全面贯彻落实教育方针，它是怎么减轻学生过重课业负担的？

15. 减轻学生过重的课业负担，仅仅从作业量上减轻吗？

16. 减轻学生的作业量，又不减教学质量，如何处理这个问题？教与学的理论能帮忙吗？教学艺术能帮忙吗？

17. 教学评价如何能减轻学生过重的课业负担？它是如何促进的？

18. 教师的人格特征是怎样影响学生学习负担的？教师的人格特征能减轻学生的负担吗？

19. 影响教学质量是一个体系，如何向这一体系要减轻学生过重课业负担的效益？

20. 影响教学质量是一个体系，如何优化这个体系？如何优化硬件？如何优化软件？

# 第七章　两种教学思想

思想，已不是个别事物在头脑中的具体反映。思想是对事物在头脑的反映或想法。思想是对若干事物经过全面的、仔细的、认真的、慎重的、概括性的思考后，在头脑中形成的更高层次的观念，是思维活动产生的结果。

思想，已不是个别事物在头脑中的具体反映。是对事物理性的、概括性的认识后的一种表达形式。

人们在思想的影响下，会提出做事的具体办法，这是思想在具体事物中的落实，是对思想具体的实施方法。思想指导人们办事的方向。

教学思想是在对教学的若干方面进行综合—分析—综合的基础上，提出有关提高教学质量的综合性的思想。

## 一、“一全二精、三材一化、与时俱进”教学思想

### （一）“一全二精、三材一化、与时俱进”教学思想的解释

#### 1. 一全

“一全”指全面贯彻党的教育方针。

党的教育方针是：教育必须为社会主义现代化建设服务、为人民服务，必须与生产劳动和社会实践相结合，培养德智体美劳全面发展的社会

主义建设者和接班人。

（1）教育方针是国家教育的总方向、总目标、总要求，是教育基本政策的总概括。

（2）教育方针对任何一所学校都有硬性的约束力。

（3）教育方针是每一所学校必须贯彻执行的方针、政策。

（4）教育方针是对教育提出的宏观要求、宏观标准、宏观评价体系。

（5）教育方针是国家对教育要求（宏观上）一种精准的表达式。

（6）教育方针是用培养人才的标准（规格）带动（要求）教育的全过程。

（7）教育方针是“一全二精、三材一化、与时俱进”这一教学思想的灵魂、方向，是总指挥、总目标。

**2. 二精**

一精是精准定位教学中的知识点、技能点；

二精是精准定位教学中的知识点、技能点要达到的基本水平。

是以“二精”带多精，以结果精带过程精、措施精、方法精，将教育精益求精的精神贯穿到教育的全过程。

实际是：

（1）以精准目标，带精准教学过程；

（2）以精准目标，带精准教学方法；

（3）以精准目标，带精准培训教师；

（4）以精准目标，带精准教学管理；

（5）以精准目标，带精准教材分析与改革；

（6）以精准目标，带精准教学设施配备；

（7）以精准目标，带精准教学评价；

（8）以精准目标，带学生的学习水平的提高；

（9）以精准目标，减轻学生过重课业负担；

（10）以精准目标，推动教学改革，提高教学水平；

（11）以精准目标，提高培养人才的质量。

“二精”的变化应随社会发展的变化与要求而变化和提高。

**3. 对“二精”的说明**

（1）“二精”指的是教学基本要求，是教学必须达到的水平，对有精力的学生上不封顶。

（2）适用所有年级、所有学科、所有课程。

（3）对“二精”内容，学校可以自定。

（4）对“二精”水平，学校可以自定。

（5）对“水平”定义，学校可以自定。

（6）最基本的教学目标应当是知识、技能，教学目标可以根据实际，适当扩展，如学习方法、科学方法、习惯的养成，等等。总之，看教师与学生的实际情况，酌情而定，上不封顶。需要特殊说明的是，能力的培养、素养的养成应贯彻教育过程的始终。

（7）基本要求不是固定的，应随形势、学校的发展、社会进步的要求的变化而变化，教学的水平与社会需求的水平追求和谐是其中的一个原则。

（8）教学基本要求是教学中的重要文件，各学科、各课程可以根据教学基本要求制定教学大纲、编写教材。

（9）“二精”的内容可以根据学科的特色、办学的层次、内容的重要性等，科学确定内容、确定水平。

（10）水平应当兼顾教育部要求、学校的办学经验、今后发展的需求等，融会贯通，融为一体，体现在水平之中。

（11）“二精”是评价教与学水平的基本标准，可以说是教学中的重要“参照物”。使教与学的水平有据可查、可评。

（12）为教与学的改革，提供了极为现实的“教材”与目标。

**4. 三材一化**

三材指人才、器材、教材。三材是学校办学的硬实力，“三材”服务于学校的显性课程。

一化指校园文化。校园文化是学校办学的软实力。

校园文化一般指物质文化、行为文化、制度文化、精神文化等。

在三材中，最主要的是人才，人才决定器材、教材水平的发挥。好的学校，就是有好的教师。学校的人才建设是学校永恒的主题。学校留住人才、培养人才，使人才发挥出最大的积极性，是学校领导的艺术。学校的民主氛围，办事公平是人才发挥才能的动力。

校园文化，是学校办学全貌的重要反映体。良好的校园文化，对学生的思想具有“腌萝卜”式的教育作用。

校园文化对落实党的教育方针，将起到重要的作用，校园文化建设常常是落实教育方针的一个重要载体。

校园文化建设，非朝夕之功。

校园文化建设，是学校的软实力，它决定硬实力作用的发挥。

校园文化建设，是多年来用全校师生员工的行为构建的教科书，对全校师生员工的思想都有潜移默化的烙印般的影响。

校园文化建设中，最重要的是校风建设，即教风、研风、学风、考风和工作人员的工作作风。工作作风中的领导作风对校风的形成有最大的影响力。

**5. 与时俱进**

与时俱进，即体现时代性，把握规律性，富于创造性。

在教与学的过程中，如何体现时代性，把握规律性，富于创造性，是学校永远研究的课题。

学校的基本功能是传授知识，培养人才，服务社会。

社会在发展，科技在进步，需要人才的水平在不断地变化，进校学习的学生的思想等也在变化，要求学校在变化中发展，在变化中提高。学校必须瞄准社会的需求，完成教书育人的任务。

学校的各项工作要与时俱进，这是形势给学校下达的任务。否则学校将被淘汰。

**6. 对“一全二精、三材一化、与时俱进”教学思想意义和作用的简要说明。**

（1）有利于明确基本教学目标。

（2）有利于明确基本教学水平。

（3）有利于对教与学进行精确指导。

（4）有利于对教与学水平进行精确测评。

（5）有利于促进教师与学生知识结构形成。

（6）有利于促进教师与学生技能结构形成。

（7）有利于科学安排教学时数。

（8）有利于对教材进行精准分析。

（9）有利于帮助教师与学生确定教学中的基本点、重点、难点、关键点，从而分配教与学精力。

（10）有利于帮助教师尽快掌握教材。

（11）有利于培养教师。

（12）有利于明确教学设备的配备。

（13）有利于促进教学改革。

### （二）学习知识达到的四级水平（参考）

1. 记忆：记住某些知识。

2. 理解：能弄清知识“什么、是什么、为什么”。

3. 简单应用：应用 1~2 个知识点可以解决问题。

4. 综合应用：应用 3 个（含 3 个）或 3 个以上知识点可以解决问题。

### （三）学习技能达到的六级水平（参考）

1. 了解：知道相关内容，对技能仅有初步的认识或印象。

2. 理解：在初步认识的基础上，能对其中的基本道理、操作规范、结构等进行初步解释。

3. 模仿：能照着某种现成的样子进行操作。

4. 初步掌握：在模仿的基础上，能进行较为规范的操作，基本完成相关任务。

5. 掌握：能进行规范操作，完成相关任务（无时间限制）。

6. 熟练掌握：能在规定的时间内进行规范操作，完成相关任务。

### （四）“一全二精、三材一化、与时俱进”教学思想——面对面

1. 如何落实“一全”？请说出落实“一全”的各种措施与方法。

2. “二精”的确定，对教师提出了什么要求？

3. 如何加强学校“三材”的建设？问题的关键是如何能与时俱进地加强建设吗？

4. “二精”对提高教与学的水平有什么作用？如何落实？

5. “与时谐进”“与时协进”体现与时俱进吗？

6. 在工作中，如何体现与时俱进？

7. “二精”能减轻学生过重的课业负担吗？它精在何处？把握精需要教师具备什么素质？

## 二、20 字教学思想

### （一）具体内容

1. 推动与启发学生**爱学**；

2. 推动与启发学生**会学**；

3. 推动与启发学生**会想**；

4. 推动与启发学生**会用**；

5. 推动与启发学生形成良好的**知识结构**；

6. 推动与启发学生完成**由例及类**的学习；

7. 推动教师对教学内容有“**吃干榨净**”的能力。

**1. 推动与启发学生爱学**

根据学习理论可知，有意义学习的条件之一是“让他想，他爱想，他愿意想”。如果学生不爱学，让他想，他不愿意想，有意义学习的条件不能满足，因此有意义学习不能进行。推动与启发学生爱学，永远是教学成功的第一步。教师应根据教材的内容，把握学生的实际，采取有效办法，推动学生爱学。

教师良好的人格特征，教师关心学生的疾苦，教师知道学生学习的困难并想方设法为之排忧解难，教师的优质教学，使厌学的学生有学习动机，有一定的学习兴趣，常常是推动学生爱学的有效方法。“没有爱，就没有教育”“没有兴趣就没有学习”。

**2. 推动与启发学生会学**

即教会学生学习方法并能很好地使用学习方法。使此学习方法能迁移到彼学习方法，使学生养成学习方法和应用对自身最有效学习方法的好习惯。拙劣的学习方法会阻碍学习天赋的发挥，将损失学习的精力。

欲做到这一点，教师首先要掌握若干种学习方法，教师能有意识地将各种学习方法渗透于教学之中，推动和启发学生使用最恰当的学习方法。学习方法是学生学习的工具，工具越好用，工具效率越高，自然会提升学习的效率，以减轻学习负担。

**3. 推动与启发学生会想**

这个问题既有思维方法问题又有学习动力问题。思维与动力二者相辅相成，相得益彰。动力推动思维，思维为动力助力。

教学中有三个思路（思考问题的路径与方法）即：教材思路、教师思路、学生思路。三个思路相互作用，相互影响，最后要成为学生学习的思路。

教师在教学的过程中思路必须清晰，思路是理解新知识的过程，又是教学生思考问题方法的过程。“思路”是重要的教学内容。

教师在教学的过程中，常常会用到典型的例题“教例题，研思路”，是教学中应当注意的问题，思路常常为由例及类的学习奠定基础。

如何发挥习题培养学生养成“回头看”（即做完作业回忆完成习题的思路），是推动学生会想的好办法。学生恐怕没有这样的习惯，更没有这样的时间，这是学习效果的一种损失。

“想思路，学思路，用思路，研思路”是推动与启发学生会想的重要方法，教师开设专题研究思路的课，引起学生对思路的重视，是推动与启发学生学会会想的有效方法。

学生学会了会想，就找到了解决问题的切入点，找到了解决问题的钥匙，学生的思维能力会得到很好的培养，这种良好的思维习惯，会影响其一生的学习与工作。

思路常常是可思而不可说的，不可写的印在头脑的解题办法。将思路作为教学的重要内容，使其可想、可说，并形成学生一整套思维方法，是减轻学习负担的方法。

**4. 推动与启发学生会用**

这是学习知识的最高水平，也是学习知识的目的。

推动与启发学生会用，是检验教与学成果的最关键的环节。

让学生如何会用？教师应当设置最关键的最适合学生应用的环境，一般说来就是习题或技能。

教师应当拿出经过深思熟虑的各种各样的类型习题，检验学生掌握知识的水平。

教师拿出“精练”的习题，并完成由例及类的学习，避免学生进入“题海”及至“题洋”，茫茫不知所措，将减少学生大量的学习时间和精力，这是减轻学生过重课业负担的“妙方”。

会用，是理论联系实际的过程，是学生能解决实际问题的训练过程。教师要给学生创设会用环境，在用中强化知识、技能，在用中强化对能力的培养。教师巧用“会用”，是教师教学水平的具体表现，是教师教学水平的区分点。

**5. 推动与启发学生形成良好的知识结构**

什么是知识结构？知识结构是学生所学的知识在头脑中是怎样互相联系的。

学生所学到的知识若没有完满的结构把它们联系起来，所学到的知识在头脑中仅有短促的可怜的寿命。

良好的知识结构：

（1）有利于理解新知识。

一个零件与一台有一定结构的机器的适当部位很容易被一个陌生人将它们连在一起，并能很快地熟悉这个零件的功能，因为情境给操作人以很好的提示；一个零件与拆卸后的一堆零件的某一部位相连，则是很困难的事，对于一个陌生人简直是不可能办到的事情。

同理，当学习者学习新知识时，很容易与知识结构中的恰当知识相连接，使“新知识停泊在旧知识的锚桩上”，新知识得到了巩固，旧知识得到了扩展。减少了记忆，强化了理解，促进知识结构的形成。

（2）有利于记忆和保持。

有一定结构的知识，是有条理的知识。有条理的知识有一定的规律性。有规律性的知识，便于学习者掌握知识的内在联系，理解知识的实质，容易发现理解与记忆的窍门，有利于理解、记忆和保持。有规律的知识，学习者很容易对其进行抽象与概括。概括的知识是一个“去粗取精”的知识，少而精的知识减少了记忆量，有利于记忆和保持。

有结构的知识，知识之间都存在着一定的联系。当某一知识遗忘时，学习者常可以“顺藤摸瓜”，较为顺利地回忆起遗忘的知识。一只蚂蚱很容易跑掉，而拴在一起的三只蚂蚱则很难跑掉。这是因为它们之间存在着一种联系，这种联系在约束着它们当中的每一个。这个比喻说明了有结构的知识有益于记忆和保持的原因。良好的知识结构有利于记忆的保持，学习的知识如果没有适合个人特征的结构把它联系在一起，那是一种多半会遗忘的知识，一串不连贯没有联系的知识在记忆中仅有可怜的寿命。

（3）便于提取

有结构的知识给记忆带来了方便的条件，从而促进了记忆。记忆清楚的知识很容易被回忆起来。有结构的知识给提取（回忆）带来了方便，如同东西存放在有条有理的保管员那里。每当遇到一个问题，很快就会在自己的头脑中检索出有关解决这个问题的一系列知识，形成理解新知识的基础与思路，给解决问题带来了极为方便的条件。

有结构的知识便于从记忆的仓库中提取出来，是有结构的知识的最显著的优点之一。一个按照个人的学习特点和认知结构组织起来的材料，是最有希望在记忆中提取的材料。

知识结构因人而异。这是因为每个人的知识背景不同，对问题的看法不同，学科的知识基础不同，对同样问题理解的程度不同，因而构成了不同的知识结构。即使是同样一个人的知识结构，也在不断地发生变化，不断地在进行改组、扩大或缩小。在教学中如何塑造学生良好的知识结构则是教师应当注意的一个重要问题，也是学习者应当注意的一个问题，而且是必须解决好的问题。知识结构是影响人的能力的重要变量，它使人的学习终身受益。

学习者掌握知识的多少，这些知识在头脑中的清晰性、稳定性和概括的水平，以及这些知识在头脑中的结构，是影响学习的重要因素。在教与学的过程中如何有效地促进这些因素的形成，乃是寻找科学的教学方法和学习方法的理论依据之一，也是改革教学方法、提高教学水平、指导学生学习方法应当考虑的最基本的因素。

知识结构是由知识（概念、定理、知识点、“组块”等）和知识之间的关系构成。概念、定理、知识点和“组块”等相当于砖、瓦和预制构件，它们之间的关系相当于黏合剂。用这些材料构造的建筑物（知识结构）则随着原材料和指导思想的不同，会产生各种各样的知识结构。这样形成的知识结构更符合个人学习特点。

知识结构是影响学生学习的重要变量。学生的知识结构，在不断扩大又在不断变化之中。

研究知识结构，要研究构成知识结构的元素及它们相互之间的关系。改变结构，改变构成结构的元素的数量和质量，使元素之间的关系更加和谐，各元素之间能互相支持又互相联系，能有效利用知识结构中的恰当元素与新知识的联系，用旧知识、旧知识结构包围新知识，同化新知识，新知识获得意义，旧的结构又得到扩展，使有意义学习顺利进行，减少学习负担。促进知识结构的形成，是强化对知识的理解与记忆的过程，也是培养能力的过程。

**6. 推动与启发学生完成由例及类的学习**

由例及类的学习不同于举一反三的学习。

举一反三的学习是从学习一个到能学会同类的若干个，着眼于“个”。

由例及类的学习是学习一例，由此例推广到由此例代表的一类学习，着眼于“类”。

举一反三的学习，是一种启发式的学习，是一种有效的学习方法。由例及类的学习是一种启发概括性的学习，能有效提高学习的水平。从这个角度讲，由例及类的学习高于举一反三学习的水平。

由例及类的学习，关键是能找到恰当的例，要求例具有一定的代表性、典型性、适用性。

由例及类的学习，关键是能彻底地、清晰地、本质地分析例，分析例的特点、特征。分析事物的内部联系的本质，分析例所代表的某些规律性的知识和道理，使学习者对例有透彻的、概括化的理解，使学习者能通过例的学习，理解一些概括性的知识和道理，使学习者通过例能对由例所代表的同类事物的理解，完成同类事物的学习。

倡导由例及类的学习的关键是：例总比类多，类总比例少。类是有限的，而例是无限的，由例及类的学习，可以节约大量的学习时间和精力，是有效解决学生过重学习负担的一种方法。

在教与学的过程中，要根据教与学的实际在找准例的前提下，在所学范围之内还要找全例，例全类就全，针对知识而言，没有空白点，“扫了面”，通过类的学习，又提高学习的水平，提高学生知识转化为能力，同时又减少了学习的负担。

由例及类的学习，是推动与启发学生抓事物本质的一种学习，是推动与启发学生简化学习的一种方法，采用的方法常常是科学归纳法。

由例及类的学习，落脚点是类。有利于塑造学生良好的知识结构，这也是塑造学生良好知识结构的一种方法。

由例及类的过程，是概括学习的过程，是概括学习水平的具体表现形式。

**7. 推动教师对教学内容有“吃干榨净”的能力**

吃干榨净在此处的意思是：用全、用尽。

针对一个教学内容，其含有多少个知识点。知识点之间是什么关系，有多少个知识点在近期、中期、远期可以利用，是教师应当能想到用到的事，是教师融会贯通教学水平的体现。

针对一个教学内容，教师能用全、用尽其教育的功能，这是对教师素质的考验、对教师知识结构的考验、对教师责任心的考验、对教师教学水平的考验、对教师教学能力的考验。

在教与学的过程中，凡是提到对教师考验的内容，都是对教师的一种要求，同时也是对教师素质的培养，也可以看成是对教师的一种评价。

教师对一个教学内容能用全、用尽，节约了教师教的教学时间和精力，同时也节约了学生学习的时间和精力。能用一个教学内容完成教学任务，就不用第二个、第三个，培养了师生分析问题的能力，同时也培养了师生解决问题的能力。

20 字教学思想是一个整体，它们互相联系，互相支持。

20 字教学思想是一种特殊的综合教学方法。

20 字教学思想对教师综合素质的要求较高，但也是培训教师的一条简捷而明快的路径。

## （二）20 字教学思想——面对面

1. 20 字教学思想提出的理论基础是什么？

2. 20 字教学思想渗透学的理论和教的理论吗？

3. 20 字教学思想渗透教师用全人格教书育人吗？

4. 20 字教学思想渗透学生用全人格学书育己吗？

5. 20 字教学思想体现教师教学的能力吗？

6. 20 字教学思想体现“教为主导、学为主体”吗？

7. 20 字教学思想实际是“爱学、会学、会想、会用，知识结构、由例及类、吃干榨净”，它们分别对教师的教学能力提出了什么要求？

8. 20 字教学思想从不同角度提出培养教师的方向吗？如何理解这个问题？

## 三、两种教学思想——面对面

1. 一种教学思想是如何形成的？
2. 一种教学思想对提高教学水平有什么作用？
3. 一种教学思想对教师提出了什么要求？
4. 一种教学思想是教与学实践经验的总结？
5. 一种教学思想给教学改革带来什么启示？
6. 一种教学思想能影响教材的改革吗？
7. 如何吃透一种教学思想？
8. 如何分析一种教学思想？
9. 如何评价一种教学思想？
10. 教学思想是教育思想中的一部分吗？
11. 人们学习教学思想，学习什么最有效？

# 后　记

减轻学生过重的课业负担，是教育中的极热门话题，是决定教育质量和培养国家社会主义建设者和接班人的质量的重大问题。

影响中小学生过重的课业负担，是一个庞大的体系作用的结果。主要有社会问题、家庭问题、学校问题，是三个问题产生的合力作用的结果。

学校改变不了社会，解决不了社会问题。学校改变不了学生家庭，解决不了家庭问题。学校要力所能及地尽最大努力解决因学校的教育而增加学生过重的课业负担。

鉴于这种思考，本书主要介绍了在学校层面上如何减轻中小学生学习过重的课业负担。

在此需要说明的是，编写《减轻中小学生过重课业负担的研究》一书，仅仅是一种尝试，为研究此问题提供研究线索。

本书试图从教育（具体到教学）方面对如何减轻中小学生过重的课业负担提出一些意见和建议。

本书试图用动态的观点、系统的观点、减量的观点、功=功率×时间的观点，力图在教学理论、学习理论、认识论、心理科学、脑科学等理论指导下编写全书，为研究如何减轻中小学生过重的课业负担提供研究的线索。

本书试图为教师“减少一分一秒的教学”，“减少一点一滴的知识的教学”做贡献，提出一些建设性参考意见和建议。

本书可作为教育研究人员、中小学教师以及教育行政人员在研究如何减轻中小学生过重课业负担的参考用书。

本书可作为师范专业教学参考用书。

本书可作为培训中小学教师的参考用书。

本书中部分内容可以作为中小学生家长及中学生研究如何减轻学生过重课业负担的参考用书。

由于本人的理论和实践水平有限，书中疏漏之处甚至错误都有可能存在，敬请广大读者提出宝贵的意见和建议，任何一个批评和意见都是送给我的最珍贵的礼物，不胜感激。

在编写此书的过程中，吉林外国语大学教育学院王少义副教授提出了很多宝贵的意见和建议，在此表示衷心的感谢。

出版此书，时间短，给开明出版社带来很多麻烦，在出版社同志的大力帮助之下，克服了很多困难，他们的敬业精神值得敬佩。在此，对出版社付出努力的所有同志们，表示衷心感谢。

王佐书

2023 年教师节

**图书在版编目（CIP）数据**

减轻中小学生过重课业负担的研究/王佐书著. --北京：开明出版社，2024.1

ISBN 978-7-5131-8717-6

Ⅰ.①减… Ⅱ.①王… Ⅲ.①中小学教育-教学管理-研究-中国 Ⅳ.①G637.3

中国国家版本馆 CIP 数据核字(2024)第 003367 号

**出 版 人**：陈滨滨
**责任编辑**：魏红岩　刘桂梅
**美术编辑**：刘昭弘

**减轻中小学生过重课业负担的研究**

出　版：开明出版社
（北京海淀区西三环北路 25 号　邮编 100089）
印　刷：保定市中画美凯印刷有限公司
开　本：710mm×1000mm　1/16
印　张：14.75
字　数：240 千字
版　次：2024 年 1 月第 1 版
印　次：2024 年 1 月第 1 次印刷
定　价：56.00 元